나는 우리 관리소장이다

두 번째 이야기

좋은땅

발간사

꿈을 향한 걸음,
그리고 현장에서 만난 희망

아파트에서 우리 일상의 든든한 버팀목이 되어 주는 관리소장. 그 길을 걸어오기까지의 도전과 성취, 그리고 현장에서 마주하는 소소한 기쁨과 애환을 진솔하게 담아낸 에세이 모음집, ≪나는 우리관리소장이다 - 두 번째 이야기≫를 소개합니다.

이 책은 다양한 사람들이 주택관리사 자격증 준비 과정에서부터 위탁관리회사 취업, 그리고 관리소장으로 성장해 가는 여정을 섬세하게 그려냈습니다. 실제 현장의 삶을 고스란히 담아내어, 이 직업에 관심이 있는 분들, 예비 주택관리사, 그리고 이들의 이야기에 공감하고 싶은 모든 분께 깊은 울림을 전할 것입니다.

≪나는 우리관리소장이다 - 두 번째 이야기≫는 단순한 에세이집을 넘어, 현장에서 부딪히며 얻은 생생한 경험과 노하우를 아낌없이 전합니다.

주택관리사 합격 전략, 위탁관리회사 취업 준비 팁, 실전 업무 요령 등 실질적인 정보도 풍성히 담겨 있습니다. 때로는 고단하고 때로는 보람찬 관리소장의 삶이 던져주는 깨달음과 의미, 그리고 사람들과 함께 성장하는 따뜻한 이야기가 가득합니다.

관리소장이란 직업을 진심으로 이해하고 싶은 분들, 그리고 새로운 도전을 준비하는 모든 이들에게 이 책을 권합니다. 진솔한 에세이 속에서 자신의 길과 꿈을 발견하는 뜻깊은 시간이 되기를 바랍니다.

특히 2020년에 발간된 ≪나는 우리관리소장이다≫를 읽고 주택관리사의 꿈을 키우거나 용기를 얻었다는 독자들의 목소리가 있었습니다. 그 따뜻한 성원과 공감이 이번 두 번째 책을 세상에 내놓을 수 있는 가장 큰 힘이 되었습니다.

마지막으로, 이 책의 집필과 발간에 함께 해 주신 모든 분께 깊이 감사드립니다. 앞으로도 아파트 관리소장으로서 삶의 가치와 의미를 널리 알리고, 더 많은 이들과 함께 성장해 나가기를 소망합니다.

2025년 10월

우리관리주식회사 회장 노병용

목 차

발간사   2

PART 1.
도전의 시작, 관리소장을 향하여

1 주택관리사로 가는 길 · 정영일	9
2 주택관리사가 되기로 결심한 순간부터 우리관리소장이 되기까지 · 전인천	15
3 그라운드에서 삶의 터전으로, 전문 관리자의 길을 걷다 · 장병일	21
I 집합건물 관리의 중요성	25
II 관리소장의 역할	26
4 나는 혼자가 아니다, 나의 뒤에는 우리관리가 있다 · 이성준	28
5 영원한 숙제 · 김흥태	33
6 동대표, 우리관리소장이 되다 · 정우성	39
III 관리소장 공개채용	44
인터뷰 1. 관리소장의 꿈, 우리관리 본사에서 키우다 - 우리관리 인재들의 성장 기록	46
7 나는 우리관리 초보소장이다 · 김혜선	54
8 초보 관리소장의 좌충우돌 성장기 · 송영선	59
9 나는 슈퍼우먼! 오늘도 현장을 지키는 새내기 소장입니다 · 곽성미	64
10 시작은 갱년기 때문이었다 · 설선옥	70
인터뷰 2. 공동주택 행정의 연결고리, 관리소장의 또 다른 길 - 우리관리 출신 지방자치단체 주무관의 현장 행정 실천기	75

PART 2.
우리와 함께, 관리소장 성장노트

11 나의 성장일지 · 박선희	82
12 나는 우리관리에서 파견한 총독이다 · 김형근	87
13 현실에 안주하지 않는 주택관리사가 되어야 살아남는다 · 김명일	93
14 7기 연수팀, 일본연수를 마치며 · 박영숙	98
IV 관리소장 역량강화	104
V 통합관리 IT 솔루션	106
15 나는 영원한 우리관리소장 · 한미경	109
16 폭삭 속았수다 · 최용수	114
17 작은 변화가 만든 큰 기적 · 고문정	120
18 가을밤 더 빛난 우리 · 조유주	125
VI 우리관리 네트워크	130
인터뷰 3. 공동체와 함께 성장하는 관리소장 - 우리관리 네트워크가 키운 관리소장의 힘	136
19 함께 가는 이 길이 행복 길입니다 · 박선영	148
20 칭찬은 관리소장을 춤추게 한다 · 김종순	154
VII 우리관리 ESG	159

집합건물

집합건물이란 여러 개의 전유부분으로 구성된 건물을 말합니다.
아파트, 지식산업센터, 오피스텔, 주상복합아파트 등
호수별로 소유권이 분리된 건물이 모두 집합건물에 해당합니다.

공동주택

공동주택은 집합건물의 한 종류로 '주거'를 목적으로 한 건물을 의미합니다.
건축물의 벽, 복도, 계단, 설비 등을 공동으로 사용하는 각 세대가
하나의 건축물 안에서 독립적으로 거주하는 형태의 주택입니다.
대표적으로 아파트, 연립주택, 다세대주택, 기숙사 등이 있습니다.

관리소장

이 책에서 말하는 관리소장은 집합건물 관리사무소의 책임자입니다.
주택관리사 자격이 있으면 의무관리 대상 공동주택(세대 수가 300세대 이상
이거나, 150세대 이상이면서 승강기 또는 중앙집중식 난방이 설치된
공동주택)에 근무할 수 있고, 자격이 없으면 의무관리 대상 공동주택을
제외한 집합건물의 관리사무소에서만 근무할 수 있습니다.
우리관리는 주택관리사 자격자를 우선 채용합니다.

PART 1.
도전의 시작, 관리소장을 향하여
- 관리소장 도전기 -

주택관리사로 가는 길

정영일
관리소장

도전! 주택관리사

　제조업 관리직에서 일한 경험을 바탕으로 제2의 인생을 준비하던 중, '주택관리사'라는 직업을 알게 되었다. 그 시점은 2021년 4월, 1차 시험일을 불과 80일 앞둔 때였다. 생계를 책임지는 가장으로서 가족과 상의한 끝에 주택관리사에 도전하기로 했고, '무조건 합격해야겠다.'라는 절박한 마음으로 시험 준비에 돌입했다.

　한 번도 공부해 본 적 없는 세 과목을 80일 안에 마스터해야 했기에, 하루 10시간 이상을 독학에 몰두했다. 시설 개론의 생소한 용어는 쉽게 이

해되지 않아 인터넷을 뒤지며 구조와 의미를 익혔고, 각 과목을 최소 두 번 이상 반복해서 학습하는 계획을 세워 성실히 실천했다. 하지만 독학은 결코 쉬운 일이 아니었다.

1교시 과목인 시설 개론은 역대 최고로 어렵게 출제되어 고전했지만, 나머지 두 과목에서 선방한 덕분에 가까스로 1차 시험에 합격할 수 있었다. 2차 시험은 두 과목으로 구성되어 있었지만, 그 양은 생각보다 방대했다. 온라인 강의를 활용해 학습했고, 1차에서 겪은 어려움을 극복한 경험 덕분에 좀 더 수월하게 준비할 수 있었다. 약 5개월 동안 절박하고 처절하게 공부하며 맞이한 인생의 전환점. 가족들의 기도와 헌신에 조금이나마 보답할 수 있어 참으로 감사했다.

우리관리 관리소장 공개채용 지원

시험이 끝났다고 바로 관리소장이 되는 것은 아니었다. 합격증은 11~12월경에 발급된다고 했고, 경험이 전혀 없는 나로서는 '어떻게 취업해야 할까?'하는 고민이 몰려왔다. 그러던 중, 위탁관리 회사인 우리관리에서 예비 관리소장 공개채용 설명회를 연다는 소식을 접했다. 솔직히 이 업계는 경험이 없는 사람이 진입하기에 장벽이 높다고 생각했지만, 우리관리는 오히려 공동주택관리 경험이 없어도 사회 경험이 풍부한 지원자를 모집하고 있었다. 이 회사는 2002년부터 공개채용 제도를 도입해 운영해 왔으며, 내가 지원할 당시에는 18기를 모집하고 있었다.

설명회에서 인사 채용 담당자는 "관리업계 경험이 없어도 지금은 훌륭한 관리소장으로 성장한 사례가 많습니다."라며, "하얀 도화지에 새롭게 그림을 그려갈 사람을 기다립니다."라고 했고, 그 말은 마치 나를 향한 응원처럼 다가왔다. 당시에는 우리관리가 업계 1위라는 사실을 몰랐지만, 인재를 육성하려는 체계적인 시스템과 철학에 큰 감명을 받았다. '반드시 우리관리소장이 되겠다.'라고 마음먹고, 설명회에서 얻은 정보들을 바탕으로 서류전형과 면접을 준비했다.

합격 후 오리엔테이션을 통해 관리소장의 마음가짐과 역할에 대해 생각해 보는 시간을 가졌고, 동기들과의 교류를 통해 공동체 의식도 다질 수 있었다. 되돌아보면, '우리관리를 만나지 못했다면 관리소장으로 잘 성장할 수 있었을까?' 싶을 정도로, 우리관리는 내게 행운이자 천운이었다.

첫 출발은 관리과장으로

공채 18기 동기들이 하나둘씩 자리를 잡아갈 무렵, 영업본부 매니저님께서 관리과장 자리를 제안했다. 경험이 부족했던 나로서는 소장으로 바로 나가는 것이 부담스러웠는데, 그 제안이 얼마나 감사했는지 모른다. 경험이 없던 동기들은 대부분 관리과장으로 발령받아 근무를 시작했고, 나 역시 1,426세대 단지의 관리과장 면접을 거쳐 출근하라는 안내를 받았다. 관리소장님께 미리 출근하여 업무를 익히고 싶다고 말씀드렸고, 허락을 받아 출근했다.

그 기간 동안 관리사무소 직원들을 알아가고, 업무 인수인계를 꼼꼼히 진행했다. 덕분에 입사 이틀 후 예정된 입주자대표회의 임원 선거도 문제없이 마무리할 수 있었다. 내가 근무하게 된 단지는 처음부터 우리관리가 운영해 온 곳이었기에 체계가 잘 잡혀 있었고, 적응하는 데 큰 어려움은 없었다. 시간이 흐르면서 시스템에 대한 이해도 점차 깊어졌다. 예를 들어, 입주자대표회의 운영과 관련하여 모집 공고부터 회의 자료 배부, 회의 준비, 회의록 작성, 회의 결과 공고, 공동주택관리정보시스템 등록까지 일련의 과정을 경험하며 전체 프로세스를 파악할 수 있었다. 이러한 과정을 통해 입주자대표회의 시스템을 비롯하여 선거관리, 입찰관리, 계약관리, 장기수선계획 공사 집행 등 다양한 업무를 익힐 수 있었다.

단지에서는 아파트관리신문을 구독하고 있었는데, 시간이 날 때마다 꼼꼼히 읽고 스크랩하며 법령 변화나 민원 사례, 과태료 부과

사례 등을 학습했다. 또한, 업무 플랫폼 '우리Genie'에 탑재된 '관리소장 핸드북'을 통해 관리소장의 책임과 역할을 더욱 구체적으로 이해할 수 있었다. 이 핸드북은 관리행정을 포함한 14개 항목으로 구성되어 있어, 관리과장 시절부터 관리소장의 역량을 준비하는 데 큰 도움이 되었다.

드디어 우리관리소장이 되다

2023년 6월, 마침내 일산에 위치한 아파트의 관리소장으로 부임하게 되었다. 관리소장으로 부임한 이후에는 '우리ON포커스'를 통해 지속해서 공부하고 있다. '우리ON포커스'는 매월 2·4주 차 목요일마다 진행되는 온라인 교육으로, 초보 소장으로서 꼭 알아야 할 사항들을 짚어주어 큰 도움이 되고 있다.

우리관리는 본부별로 소장님들과의 소통이 활발하다. 워크숍, 현장 간담회, 안전교육, 직무교육, 체육대회, 분회 모임 등 다양한 방식으로 소통의 장이 마련되어 있어 동료 소장님들과 정보를 공유하고 연대감을 형성할 수 있다. 어려운 상황에서도 선배님들이 계시기에 든든하다.

우리관리는 단순한 위탁회사가 아닌 종합관리회사로서 큰 그림을 가지고 있다. '종합관리'란 공동주택 입주민에게 관리와 관련된 모든 서비스를 통합하여 제공하는 방식이며, 이는 일본의 맨션 관리 시스템과 유사한 구조다. 우리관리는 일본의 선진 사례와의 교류를 통해 진정한 위탁관리의 방향을 고민하고 실현해 나가고 있다. 공동주택에 종합관리가 실현되는 그날을 기대해 본다.

되돌아보면 우리관리를 만난 것은 큰 행운이었다. 지금 내가 이 자리에 설 수 있도록 길을 안내해 준 든든한 멘토이다.

'명품 관리소장을 꿈꾸신다면, 우리관리를 만나십시오. 당신을 성장시킬 기반이 우리관리 안에 있습니다. 그리고 포기하지 않고 꾸준히 노력한다면, 분명 당신도 명품 관리소장이 될 수 있습니다.'

② 주택관리사가 되기로 결심한 순간부터 우리관리소장이 되기까지

전인천
관리소장

임금피크 신분으로 전환된 지 1년이 넘었을 무렵, 전기기능사 실기시험을 준비하던 같은 학원 반원을 통해 주택관리사가 관리소장이라는 사실을 처음 알게 되었다. 그때까지만 해도 퇴직 후 가장 확실한 자격증은 전기 자격증이라고 굳게 믿고 있었는데, "전기 자격증을 가진 주택관리사가 취업이 잘 된데요."라는 그 반원의 솔깃한 이야기에 겁도 없이 주택관리사 자격증을 따야겠다고 마음먹었다. 그렇게 시작된 일이 지금에 이르렀고, 뒤돌아보면 나름 과감한 결단이었으며 결과 또한 좋았기 때문에 과정과 결과 모두 아름다운 기억으로 남아 있다. 그래서 주택관리사가 되기 위해 준비하거나 혹은 망설이는 분들께 나의 이야기를 소개하고자 한다.

보통의 직장인이라면 '임금피크제'에 대해 알고 있을 텐데, 내가 다니던 공기업에서 임금피크 생활은 업무적으로나 시간상으로 다소 여유가 있었다. 하지만 내 성격상 이런 여유가 그저 달갑지만은 않았다. 우연히 친구와 통화하던 중 '전기기능사 자격증' 이야기를 듣고, 일주일간 고민한 끝에 인터넷으로 교재를 주문했다. 전기와 관련된 일을 해본 적은 없지만, 다소 무기력감에 빠져 있던 나는 뭔가 해야 한다는 분위기를 스스로 만들었고, 급기야 일요일에도 학원에 나가 실기 연습을 할 정도가 되었다. 그곳에서 사람들로부터 주택관리사가 관리소장이라는 얘기를 들었고, 해야 할 숙제가 있는 학생처럼 따야 할 자격증들을 노트에 적어가며 하나하나 구체적인 계획을 세우기 시작했다.

전기기능사 취득과 동시에 전기산업기사 취득을 위해 인터넷 강의를 신청한 시점은 코로나 팬데믹이 창궐하던 때였다. 집에서 머무는 시간이 많아지면서 자격증 취득에 집중했다. 마침 공무원 시험을 준비 중이던 딸 녀석과 함께 열심히 공부한 끝에 전기산업기사 자격증을 취득했고, 곧이어 주택관리사 1차 시험 준비를 시작하려던 참이었다. 그러던 중 "아파트 관리소장은 생각보다 쉽지 않은 일이며, 입주민과의 마찰이나 동대표의 다양한 요구로 인해 중도에 포기하는 경우도 있어요."라는 이야기를 들었다. 고민도 되었지만, 아직 본격적으로 공부를 시작한 상태가 아니었기 때문에 크게 신경 쓰지 않았다. 지나간 이야기지만 전기기사 자격증을 준비할 때는 정말이지 주변의 경조사에는 전혀 참석하지 않았고, 심지어 장모님 생신 때도 전화로만 인사드렸다. 이 일로 아내와 언쟁이 있기도 했지만, 결과가 좋았기에 서로 이해했고 지금껏 잘살고 있지 않나 싶다.

주택관리사 공부를 해보니 1차 시험 준비는 전년도 9월이나 10월쯤 시작하는 것이 적당하다고 생각한다. 나는 11월에 시작했는데, 진도를 따라가기에 바빠 조금 버거웠다. 지금도 생각하면 아찔한 시험이다. 왜냐하면 주택관리사 시험은 1년에 한 번뿐인 시험이라, 만약 잘못되면 1년을 다시 준비해야 한다는 압박감이 엄청났기 때문이다. 아마 이런 부담감은 모든 수험생이 공통으로 느끼는 부분일 것이다. 이런 점을 고려하면 시험 장소 선택 또한 매우 중요하다고 생각하는데, 시험장은 가능하면 집에서 가까운 곳으로 정하는 것이 도움이 되겠다.

7월 초 1차 시험 이후, 2차 시험일은 9월 말, 그리고 최종 결과 발표는 11월 말로 예정되어 있었다. 10월 중순부터 대부분의 위탁관리회사가 공채를 시작하는데, 사실 나는 자격증을 취득하면 아파트 단지를 찾아가 면접을 보고 취업하는 구조라고 생각했었다. 자격증 제도의 장점이라면 언제 어디서든 구직 활동이 가능하다는 것이라고 믿었기 때문이다. 따지고 보면 이 생각이 100% 틀린 것은 아니지만, 현실과는 다소 거리가 있는 이야기였다. 초보 소장이 위탁관리를 하는 아파트의 관리소장이 되려면 위탁관리회사의 공개채용에 합격해야 하는 과정이 필요했다. 위탁관리회사는 해당 연도의 주택관리사 예비 합격자를 미리 공채로 선발해 인력풀을 구성하는데, 문제는 이 공채에 합격하기가 생각보다 쉽지 않다는 점이다.

예비 관리소장으로서 갖추어야 할 기본소양과 실무를 배우기 위해 주택관리사 자격증 학원의 취업센터에 등록했다. 이곳에서 배운 자기소개서 작성법을 바탕으로, '우리관리 공개채용'에 지원해 최고령 지원자로서 최종 합격의 기쁨을 누릴 수 있었다. 자기소개서를 쓰는 과정은 순탄치 않았다. 여러 번 원고를 고치며 스스로 초라하게 느껴지는 순간도 있었지만, 한편으로는 '이 정도면 충분하지 않을까?' 하는 나름의 위안을 얻기도 했다. 비록 쉽지 않은 과정이었지만, 나 자신을 돌아보고 한 걸음 성장할 수 있었던 것 같다.

아파트 관리소장은 물론, 아파트와 관련한 업무 경험이 없었던 나는 우리관리에서 준비한 현장실습 프로그램에 적극 참여했다. 200세대의 소규모 단지부터 2,000세대가 넘는 대단지 아파트까지, 행정과 시설 업무 등을 간접 체험하면서 한편으로는 부담감을 느끼기도 했지만, '잘할 수 있겠다.'라는 자신감도 생긴 값진 경험이었다. 소규모 단지에서든 대규모 단지에서든 발생할 수 있는 상황에 대해 미리 준비하고 대처할 수 있는 능력이 필요하며, 빠르고 적절한 대응을 위해서는 직원들과의 원활한 협업이 무엇보다 중요하다는 것을 깨달았다.

현장실습의 여운이 완전히 가시기 전인 2024년 3월, 집에서 멀지 않은 서울 도봉구 창동에 위치한 단지에 부임하게 되었다. 부임 전날에는 동대표들에게 정성껏 전화를 걸어, 단지를 위해 열심히 일하겠다는 나의 의지를 힘주어 전했다. 그렇게 1달, 2달 출근하며 지난 3월, 부임 1주년을 맞이했다. 부임하고 1달이 지나면서부터 관리사무소 직원과 경비원, 미화원분들에게 늘 강조하는 말과 표현이 있다. 그것은 내가 견학 프로그램에서 절실히 느꼈던 '직원 간의 원활한 협업'의 중요성이다. 각자의 업무는 다를 수 있으나, 그렇다고 남의 일이라고 손을 놓아서는 안 된다는 것. 민원 업무에 있어 발 빠른 대응을 위해서는 서로 협력해야 하며, 그렇게 하면 어떤 일이든 원활한 처리가 가능하다.

우리관리의 체계적인 시스템을 통해 매월 해야 할 업무들과 주요 이슈에 대해 반복 학습과 교육이 이루어진다면, 어떤 초보 소장이라도 매일매일 성장해 나갈 수 있을 것이고, 이를 통해 입주민과 함께 상생하는 바람직한 동반자가 될 수 있을 것이라 믿어 의심치 않는다. 물론 관리소장으로서의 경력도 하루하루 힘차게 쌓여가는 것은 덤이다.

3
그라운드에서 삶의 터전으로, 전문 관리자의 길을 걷다

장병일
관리소장

푸른 잔디 위에서 땀과 열정을 쏟았던 시간이 있었다. 축구선수로서 아시아 학생 대표, 한국 대학 대표, 그리고 2000년 시드니 올림픽 국가대표라는 영예를 안기까지, 나는 성실함과 끈기, 팀을 위한 헌신이 무엇인지 온몸으로 배웠다. 그라운드를 떠난 뒤에는 시 체육회와 학교 현장에서 행정, 기획, 예산, 조직 운영 등 다양한 실무 경험을 쌓았다. 그 시간은 내 삶의 다음 장을 준비하는 시간이었고, 어쩌면 내가 '삶의 터전'을 가꾸어 가는 새로운 분야로 향하기 위한 징검다리였는지도 모른다. 그리고 그 길 끝에서 나는 공동주택관리라는 새로운 세상을 만났다.

공동주택관리의 전문성과 중요성은 시대의 변화와 함께 더욱 커지고 있었다. 기간제 교사로 일하던 나는 문득, 이 분야가 가진 성장 가능성과 '전문가'로서 사회에 기여할 수 있다는 점에서 매력을 느꼈다. 단순한 직업의 변화가 아닌, 내가 살아온 삶의 경험과 역량을 발휘해 사람들의 생활에 직접적인 가치를 더할 수 있는 길이라고 생각되었다.

나는 이론보다 현장을 먼저 알아야 한다는 생각으로 관리사무소 기전 직원으로 첫발을 내디뎠다. 낯설고 생소한 환경이었지만, 입주민과 소통하고 시설 하나하나를 배우며 관리 업무의 기초를 다져나갔다. 이 과정은 나에게 공동주택관리라는 일이 내 적성과 잘 맞고, 무엇보다 큰 보람을 안겨주는 일이라는 확신을 주었다. 이후 관리사무소 부소장으로 근무하며 본격적으로 관리자의 길을 걷기 시작했다. 입주민의 작은 목소리에도 귀 기울이며 민원을 해결하고, 시설물의 선제적 점검과 신속한 조치로 안전사고를 예방하는 데 힘썼다. 특히 주장으로 팀을 이끌던 경험은 입주자대표회의 구성원들과의 소통과 신뢰 형성에 큰 도움이 되었고, 조직 내 협력을 끌어내는 데도 밑거름이 되었다. 그러한 현장 경험과 학습은 주택관리사 자격증 취득으로 이어졌고, 한층 더 전문성을 갖춘 관리자로 성장할 수 있는 계기를 마련할 수 있었다.

  돌이켜보면, 나는 다양한 현장에서 축적된 경험을 공동주택관리라는 전문 분야에서 시너지를 낼 수 있는 경쟁력으로 삼고 싶었다. 체육 행정 경험은 예산 편성과 집행의 꼼꼼함을, 교직 생활은 윤리적이고 투명한 업무 태도를, 개인 사업 경험은 계약과 노무 관리에 대한 실질적 이해를 키워주었다. 이러한 배경을 바탕으로 체계적이고 전문적인 시스템 속에서 성장하고 싶다는 열망을 품게 되었고, 자연스럽게 대한민국 주거문화 종합서비스 기업 '우리관리'에 관심을 갖게 되었다. 우리관리가 지향하는 '전문화, 차별화, 브랜드화'는 내가 중요하게 생각하는 가치들과 정확히 맞닿아 있었다. 단순히 시설을 관리하는 것을 넘어, 체계적인 시스템과 지속적인 혁신을 통해 입주민에게 최고의 주거 서비스를 제공하는 모습은 내게 큰 울림으로 다가왔다. 내가 가진 다양한 경험을 '차별화'된 관리 방식으로 풀어내고, 끊임없는 학습을 통해 '전문성'을 더하며, 결국 '브랜드' 가치를 높이는 데 기여하고 싶다는 확신이 들었다. 그렇게 나는 우리관리 공개채용에 지원했고, 지원서를 제출하던 날, 심장은 오랜만에 그라운드에 다시 선 것처럼 두근거렸다. 최종 합격 소식을 들었을 때는 마치 제2의 인생 무대가 눈앞에 펼쳐진 것만 같았다. 그동안의 선택과 노력이 이 순간을 위해 존재

했음을 느끼며, 오랜 시간 꾹꾹 눌러왔던 기쁨을 조용히 음미했다.

아직도 나는 배워야 할 것이 많고, 경험해야 할 일도 무수히 많다. 그래서 매일 아침, '오늘은 어떤 자세로 일할까?'를 스스로 되새기며 출근길에 오른다. 요즘 나는 공동주택관리에서 가장 우선되어야 할 가치가 '안전'이라고 믿는다. 우리관리의 캠페인 '안전 3 Go(안전모 쓰Go, 안전대 걸Go, 개구부 막Go)'는 내가 관리자로서 가장 중요하게 여기는 실천 기준이자, 매일의 현장에서 반드시 지켜야 할 기본 원칙이 되었다. 현장을 돌며 한 번 더, 다시 한 번 더 점검하는 습관은 작은 위험 요소들을 미리 발견하게 해주었고, 그 덕분에 입주민이 안심하고 살아갈 수 있는 단지를 만들어갈 수 있었다. 나는 이러한 작은 실천들이 쌓여 입주민의 신뢰를 이끌어내리라 믿는다. '日新又日新(일신우일신)', 하루를 새롭게, 그리고 또 새롭게. 이 말처럼 나는 늘 깨어 있는 자세로, 내 자리에서 최선을 다하고자 한다.

돌아보면 내 인생의 1막이 축구선수로서 그라운드를 누비던 시간이었다면, 2막은 공동체를 책임지는 관리자로 살아가는 삶이다. 이제 막 그 새로운 무대의 조명이 켜졌고, 나는 다시 중심에 섰다.

'그래, 나는 우리관리소장이다.'

Ⅰ 집합건물 관리의 중요성

우리나라 주택의 약 80%를 차지하는 공동주택은 집합건물의 대표적인 유형입니다. 이는 곧 많은 국민이 공동주택에서 생활하고 있다는 것을 의미하며, 집합건물 관리가 국민의 일상에 깊숙이 연결되어 있음을 보여줍니다.

집합건물 관리는 단순히 건물을 유지하고 보수하는 차원을 넘어섭니다. 소유자의 소중한 자산가치를 지키고, 건강한 공동체 문화를 형성하는 기반이 되며, 나아가 국민의 삶의 질과도 긴밀히 연결되어 사회 전체의 안정과 조화에 깊은 영향을 미칩니다.

II 관리소장의 역할

관리소장은 국가 전문자격인 '주택관리사' 자격을 기반으로 전문성을 발휘하여, 집합건물의 장수명화와 그 안에서 생활하는 사람들의 쾌적하고 안전한 환경을 만들어갑니다.

✱ 관리소장은 집합건물의 효율적 관리 운영을 총괄합니다.

❶ 시설물 유지관리
건축물, 전기·소방·기계 설비 등 각종 시설의 정기 점검과 예방적 유지보수 계획을 수립하고 실행을 감독하여 건축물의 안전성과 내구성을 확보합니다.

❷ 관리비 등 예산 운영 최적화
일반관리비, 장기수선충당금 등의 예산을 효율적으로 수립·집행하여 입주자의 경제적 부담을 최소화하고 자산가치 보존에 기여 합니다.

❸ 관리직원 지휘·감독

관리사무소 직원, 경비원, 미화원 등 관리직원들의 업무를 지휘하고 감독합니다.

❹ 입주자대표회의/관리단 지원

입주자대표회의, 관리단과 원활한 소통을 하고 효율적인 관리 운영을 위한 합리적 의사결정을 지원합니다.

❺ 법령 준수 관리

「공동주택관리법」, 「집합건물의 소유 및 관리에 관한 법률」 등 관련 법규를 준수하여 집합건물 관리의 적법성을 유지하고 입주자의 권익을 보호합니다.

✳ 위탁관리회사와 관리소장

위탁관리회사에 소속된 관리소장은 회사의 관리 철학과 전문성을 현장에 구현하며, 시설, 안전 보건, 회계, 법무, 노무 등 회사의 전문적인 지원을 통해 책임관리를 실천합니다.

4

나는 혼자가 아니다
나의 뒤에는 우리관리가 있다

이성준
관리소장

"아니, 소장님이세요? 이렇게 젊은 소장님은 처음 보네요!" 이 말은 내가 단지에서 근무할 때 입주민들에게 가장 많이 듣는 말이다. 직원들과 단지를 순찰하고, 공용부 시설물을 점검하며, 우리 직원들과 함께 작업을 할 때, 얼굴을 마주 보며 인사를 나누었던 입주민들은 젊은 소장이 신기한 듯 나에게 시선을 멈추곤 했다. 30대 후반부터 관리소장으로 근무를 시작하여, 어느덧 40대 중반을 바라보고 있는 관리소장 이성준. 5년이라는 시간은 순식간에 흘러갔다.

2020년 주택관리업계 첫걸음마의 시작을 우리

관리 공채 16기로 시작했다. '과연 내가 관리소장 업무를 잘 해낼 수 있을까?' 하는 막연한 두려움과 '내가 첫 배치될 사업장은 어디일까?' 작은 기대와 설렘의 감정이 물밀듯 밀려왔다. 이러한 나의 마음을 알아챘던 걸까? 우리관리 공채 현장실습을 통해 우리관리 사업장에서 근무하고 계신 선배 소장님들의 단지를 방문하게 되면서 행정업무, 시설물 관리 등 관리사무소 업무를 직접 눈으로 보며 간접적으로 경험을 할 수 있었다.

열정적으로 배우려는 내 모습을 좋게 보았는지, 선배 소장님의 추천으로 한 신규 입주 아파트에서 실습하게 되었다. 입주 아파트의 시설물을 살펴보고 설계도면 이곳저곳 살피며 분리수거장 운영, 주요부 시설 관리와 승강기 보양재를 활용한 임시게시문 제작, 표준화 사인물 문서관리, 입주자대표회의 구성 등 입주 아파트의 노하우를 직접 배우는 소중한 경험을 할 수 있었다. 두 달의 실습이 끝날 무렵, 우리관리에서 도시형생활주택과 오피스텔 신규 입주 사업장의 관리소장으로 배치해 주었다. 자주식 주차장이 턱없이 부족하고, 기계식 주차장이 지상, 지하 2곳에 위치하여 초보 소장이 관리하기에는 쉽지 않았다. 난 우리관리 영업본부 매니저에게 최대한 우리 사업장과 비슷한 조건으로 운영하는 단지 목록을 요청하여, 직접 찾아가 도움을 청했다. 방문하여 인사를 드리면서 사업장 운영상의 고충들을 설명해 드리자, 선배 소장님들께서는 기계식 주차장 운영 방법과 관련 자료들을 흔쾌히 공유해 주시면서, 젊은 소장이 열심히 한다며 응원해 주셨다. 자신이 어렵게 터득한 노하우를 기꺼이 공유해 주는 우리관리 선배 소장님들의 따뜻한 정을 느낄 수 있었고, 우리관리 본사에서도 초보 관리소장을 위한 아낌없는 지원을 해주었기에 너무나 든든했다.

우리관리 선배 소장님들의 자료들을 참고하면서 기계식 주차장 관리인 교육을 직접 신청·수료하여, 최대한 입주민들이 기계식 주차장을 안전하게 이용할 수 있도록 노력했다. 신임 관리소장으로 단지의 주요 시설물을 파악하고 관리·운영에 적응할 무렵, 시청 주택과에서 공문을 하나 접수했다.

'2021년 상반기 신규 입주 아파트 관리 업무 예방 감사 계획 통보'

시청 주택과에서 신규 입주 아파트가 안정적으로 잘 관리되고 있는지 실제 현장을 방문해 감사를 진행한다는 내용이었다. 첫 부임 단지, 첫 감사. 걱정도 있었지만, 결과는 놀라웠다. 지적 사항 '0건'. 관리주체 행정지도 처분 등 관리주체에 대한 지적 사항은 단 하나도 없었다. 우리관리 본사의 적극적인 지원과 우리관리 선배 소장님들의 지도 편달, 그리고 직원들과 함께 솔선수범하면서 관리 업무에 매진했던 노력의 결실이었다. 입주 아파트 나름대로 어려움과 고비가 있었음에도 나는 묵묵히 버티면서 헤쳐 나갔다.

'나는 혼자가 아니다. 나의 뒤에는 우리관리가 있다.'

입주 아파트의 첫 입주자대표회의를 구성·신고하고, 다시 한번 우리관리와 주택관리업자 위·수탁 계약을 체결하면서, 1년 8개월 동안의 첫 단지 관리 업무를 무사히 마무리할 수 있었다.

"기전 과장님, 경비 반장님, 미화 반장님 다 모이셨죠? 오늘도 안전! 안전 조회를 시작하겠습니다."

현재 근무하고 있는 아파트에서는 매일 아침 안전 조회와 스트레칭으로 하루를 시작하며 즐겁게 관리소장 업무를 하고 있다. 부서장과 직원 건강 상태를 확인하고, 회의를 통해 위험 요인을 파악하고, 직원들과 소통을 이어간다. 민원이 생기면 해결 방안을 함께 고민하고, 근무 중 안전사고 예방에도 힘쓰고 있다. 모두에게 안전하고 즐거운 일터가 되었으면 하는 것이 나의 작은 바람이다.

관리사무소 직원들과 홈스웰 경비·미화팀이 하나가 된 마음으로 단지 관리와 환경개선에 앞장선 결과, 그들의 솔선수범하는 모습은 자연스럽게 재계약 성공으로 이어졌다. 2024년 '제15회 관리 서비스 개선 경진대회 우수상' 수상을 통해 입주민들에게 인정을, 입주자대표회의의 신뢰를 얻어, 우리관리 위·수탁 재계약을 이룰 수 있었다.

어느덧 40대 중반으로 조금씩 관리소장으로서 경험치를 쌓아가고 있는 나의 모습이 너무나도 자랑스럽고, 우리관리와 함께 성장하며 발전하고 있음에 감사함을 느낀다.

'자! 오늘도 즐거운 마음으로 하루를 시작해 보자!'

5

영원한 숙제

김흥태
관리소장

나는 아파트 관리 업무에 대해 아무런 지식도 경험도 없이 이 길에 들어섰다. 아파트에 거주하면서도 관리사무소를 직접 찾아간 적이 없었고, 승강기나 게시판에 붙어 있는 안내문에도 관심을 두지 않았다. 관리소장이라는 직업조차 막연하게만 알고 있었고, 주변에 관련 일을 하는 지인도 없었다.

인생의 여러 갈래 길 끝에서, 나 역시 많은 이들과 마찬가지로 말 못 할 사연을 품은 채 50대 중반에 새로운 직업을 찾아 나서게 되었다. 그렇게 알게 된 직업이 바로 '주택관리사'였다. 예상보다 순조롭게 1차 시험은 합격했지만, 2차 시험에서는 아쉽게 고배를 마셨다. 재도전 끝에 어렵사리 합격했고, 여러 우여곡절을 겪은 끝에 지금은 운명처럼 '우리관리' 공채 20기로 입사해 관리소장으로 근무하고 있다.

주택관리사 시험 준비 중에는 관련 커뮤니티를 통해 인맥의 중요성을 자주 접했다. 선배들과 교류하기 위해 산악회나 각종 모임에 참여하고 명함을 돌려야 한다는 조언이 많았다. 하지만 나는 내성적이고 혼자 있는 것을 좋아하는 사람이라 이런 방식에 부담을 느꼈다.

2차 시험 이후에는 경리, 소방, 조경 등 관리소장에게 요구되는 다양한 자격증이 있다는 사실을 알게 되었고, 관련 강의를 찾았지만 대부분 마감된 상태였다. 정보가 늦은 탓에 낙담하기도 했다. 당시에는 위탁관리회사의 역할이나 중요성, 그리고 관리소장이 되기 위해 공채로 입사해야 한다는 기본적인 구조조차 알지 못한 상태였다. 답답한 마음에 인터넷을 검색하던 중 《나는 우리관리소장이다》라는 책을 발견했다. 나의 첫 번째 도전은 여기서 시작되었는데, 그 책은 내게 큰 영감을 주었다. 책에 등장하는 선배 소장님들을 실제로 만나 조언을 듣고 싶다는 생각이 들었고, 나는 직접 아파트 단지에 전화를 걸며 수소문을 시작했다. 그 끝에 공동주택관리 분야에서 여러 차례 수상 경력이 있는 한 소장님과 면담할 기회를 얻게 되었다. 당시 그분은 강남의 고급 주상복합 아파트에서 근무 중이었다.

면담 당일은 마침 단지에서 입주민 행사가 열리던 날이었다. 나는 행사를 도왔고, 이후 선배 소장님과 대화를 나눌 기회가 있었다. 처음에는 이 분야가 낯설어 내용을 온전히 이해하기 어려웠지만, 그분이 보여준 일에 대한 자부심과 리더십은 깊은 인상을 남겼다. 특히 여성이라는 점이 인상 깊었다. 그동안 관리소장이라는 직업을 막연히 남성 중심의 일로 생각하고 있었기 때문이다.

내 마음속에서 작은 열정이 싹트기 시작했다. 직업을 바꾼 것에 대한 불안과 두려움 속에서도 '관리소장'이라는 직업에 대한 흥미가 생긴 것이다. 선배 소장님은 나를 '1호 팬'이라 부르며, 면담 마지막 무렵 두 달 정도 설비기사로 함께 일해보지 않겠냐는 제안을 주셨다. 조건이나 급여도 묻지 않고 바로 수락했다. 그렇게 공동주택관리 분야에 첫발을 내디뎠다.

첫 출근 날, 근로계약서에 야간근무가 포함되어 있다는 사실을 알게 되었고, 충격을 받았다. 평생 야근 없이 자유롭게 일해왔던 터라, 정해진 시간에 맞춰 근무한다는 것조차 낯설었다. 설비기사라는 업무도 생소했고, 복잡한 감정이 밀려왔다. 한순간 '돌아갈

까?' 하는 생각까지 들었다. 하지만 선배님의 배려를 떠올리며 도전해 보기로 결심했고, 고급 주상복합아파트에서의 설비기사 생활이 시작되었다.

현장은 생각보다 훨씬 바빴다. 세대 민원 응대부터 각종 검침과 설비 점검까지 하루가 어떻게 지나가는지 모를 정도로 정신없이 흘러갔다. 기계를 다루는 것이 익숙하지 않았고, 형광등 교체조차 서툴렀다. 결국 몸으로 부딪치며 배우기로 결심했다. 유튜브로 관련 내용을 찾아보고, 직접 영상을 찍어 복습하며 하나하나 실무를 익혀나갔다. 살아남기 위한 절실함이 만들어 낸 학습 방식이었다.

설비기사로 근무하는 동안, '우리관리'라는 위탁관리회사가 업계에서 갖는 위상과 책 제목이 왜 ≪나는 우리관리소장이다≫인지 그제야 알게 되었다. 이 경험은 나에게 큰 자산이 되었고, 공채 면접을 준비할 때도 그간의 현장 경험을 자신 있게 어필할 수 있었다. 덕분에 우리관리 공채에 최종 합격할 수 있었고, 이후 현장 배치를 기다리며 소방, 경리 등 실무에 필요한 역량을 차근차근 준비해 나갔다.

그러던 중, 우리관리 영업 본부장님의 연락을 받았고, 3천 세대 대단지에 관리부장으로 배치되었다. 또다시 조건이나 급여는 묻지 않았다. 무엇을 해야 할지도 모른 채 시작된 두 번째 도전이었다. 낯선 관리사무소, 익숙지 않은 업무들. 그러나 설비기사로 일하면서 익힌 현장 감각과 그동안 꾸준히 공부해 온 실무 지식이 점차 연결되기 시작했다.

관리사무소는 따뜻한 분위기였고, 직원들과도 좋은 관계를 맺을 수 있었다. 그러나 진짜 어려움은 '민원'이었다. 기술적인 문제는 해결할 수 있었지만, 감정이 얽힌 민원은 그렇지 않았다. 밤잠을 설친 날도 있었고, 낙심과 좌절 속에 퇴사를 고민한 적도 있었다. 그럴 때마다 선배 소장님들이 "1년은 버텨봐야 한다."라고 건넨 조언이 큰 힘이 되었다. 결국 잘 견뎌냈다.

그 후 서울의 한 아파트에 관리소장으로 배치되어 근무한 지 1개월하고 10일째가 되었다. 스스로는 꽤 단단한 사람이라고 생각해 왔지만, 어느 날 아내로부터 아파트 관련 일로 떨고 있는 내 모습을 보고 놀랐다는 말을 들었다. 그 이야기를 듣고서야 나 또한 알게 모르게 긴장 속에 있었다는 사실을 새삼 깨달았다. 그럴수록 선배 소장님들의 존재는 더욱 소중하게 느껴졌다. 그분들이 겪어낸 시간과 고충을 생각하면 진심으로 고개가 숙여진다. 관리소장의 영원한 숙제인 민원을 극복하기 위한 나만의 전략은 '코드가 맞는 입주민'을 찾는 것. 그들과 진정성 있게 소통하고 문제를 공유하다 보니 자연스럽게 응원해 주는 분들이 생겼고, 그분들을 통해 반대

성향의 민원인들과도 대화의 장을 열 수 있었다. 그렇게 벽처럼 느껴졌던 민원도 하나둘씩 해결됐고, 이제는 평정심과 함께 자신감을 가지고 업무에 임하고 있다. 작은 바람이 하나 있다면, 내가 겪는 이 모든 과정이 훗날 관리소장 처우 개선에 조금이나마 도움이 되어, 후배 소장님들의 앞길에 디딤돌이 되었으면 한다.

6

동대표, 우리관리소장이 되다

정우성
관리소장

대기업에서의 안정적인 삶을 뒤로하고 명예퇴직 후 인생 2막을 열기 위해 다양한 도전을 시도했다. 처음에는 노후를 대비하여 대형면허를 취득하고 버스회사에서 한 달간 버스 기사로 근무했지만, 예상보다 훨씬 고된 육체적 노동과 민원 그리고 사고에 대한 심리적 부담감이 컸다. 새로운 진로를 모색하며 공인중개사 자격증 취득에 도전했다. 1년간의 열정적인 학습 끝에 공인중개사 자격을 성공적으로 취득한 후, 경·공매, 재개발, 토지 중개 등 다양한 부동산 분야를 공부하며 사업을 준비했다. 그러나 코로나 팬데믹이라는 예상치 못한 상황이 찾아와 부동산 시장이 급격히 위축되었고, 새로운 기회를 찾던 중 한 대학교에서 경비 업무를 맡게 되었다. 이 과정에서 업무상 필요로 인해 소방안전관리자 2급 자격증도 취득했다.

경비 업무를 수행하며 자연스럽게 '관리'에 대한 관심이 높아졌고, 더 안정적이고 전문적인 직업을 갖기 위해 주택관리사를 준비하기로 결심했다. 특히 내가 거주하던 집합건물에서 관리위원장을 맡아 입주 초기 하자 문제를 해결하고, 시공사와 협의하는 과정에서 관리소장이라는 직업을 가까이서 접하게 되었다. 이때 '우리관리'라는 회사를 알게 되었고, 나도 우리관리소장에 도전해 보고 싶은 꿈을 키웠다.

나는 목표를 세우면 반드시 성취해 내는 끈기 있는 성격이다. 주택관리사 시험까지 얼마 남지 않아 여유가 없었지만 약 5~6개월간 치열하게 주택관리사(보) 자격증 시험을 준비했고, 다행히 합격의 기쁨을 맛보았다. 이후 주저 없이 '우리관리' 공채에 도전했고, 최고령으로 당당히 합격했다.

첫 부임지는 300세대 이하의 소규모 단지였지만, 다행히 경리직원이 배치되어 있어 업무 적응에 큰 도움이 되었다. 관리소장으로서 항상 '역지사지(易地思之)'의 자세를 유지하고자 노력했다. 과거 집합건물 관리위원장으로 있을 때 바라던 것이 결국 동대표님들이 원하는 것이 아닐까 생각하며, 모든 업무를 선제적으로 준비하고 대응하는 자세를 갖추었다. 실제 관리소장이 되어보니 외부에서 바라보던 것과는 차이가 있었지만, 이전의 다양한 경험들이 큰 자산이 되어 업무 수행에 많은 도움이 되었다.

아파트 관리소장은 단순히 시설 관리만 하는 것이 아니라, 노무 관리, 관리비 운영, 입주민 간 갈등 조정 등 다양한 업무를 포괄하는 종합적인 직업이다. 특정 분야의 스페셜리스트보다는 다재다능한 멀티플레이어가 되어야 한다. 이전 직장에서 노무 관리를 하고 설비를 다뤘던 경험 덕분에 해당 분야는 비교적 수월하게 적응했지만, 회계 업무는 여전히 도전 영역이다. 공대 출신으로서 숫자의 정합성을 확인하는 것 외에는 아직 익숙하지 않은 부분이 많아 계속해서 배워가는 중이다.

부임 직후부터 25년 된 노후 단지의 다양한 현안들을 처리해야 했다. 전자입찰을 통한 승강기 교체 준비, 주말 단수 문제로 인한 첫 민원 대응, 관리 규약 개정, 장기수선계획 정기 조정 등 중요한 업무들을 차근차근 해결해 나갔다. 이러한 과정에서 동대표님들로부터 '초보 같지 않은 소장'이라는 따뜻한 칭찬을 들었을 때는 그동안의 노력이 인정받는 듯한 뿌듯함을 느꼈다. '칭찬은 고래도 춤추게 한다.'라는 말이 실감 났다.

관리소장으로서 항상 주인의식을 가지고 '선량한 관리자의 주의 의무'를 다하기 위해 노력한다. 내가 이 단지의 주인이라면 어떻게 할 것인가를 항상 자문하며 업무에 임하고 있다. 일 년 사계절을 경험하며 단지에서 챙겨야 할 시기별 업무들을 익혔고, 입주민들의 다양한 성향에 따른 민원 대응 요령도 차츰 익혀가고 있다. 이렇게 보람차고 안정적인 직업을 왜 더 일찍 알아보지 못했을까 하는 아쉬움도 있지만, 이제는 어떤 어려움이 닥치더라도 인내하며 성장해 나갈 것이다. 언젠가는 대단지에서 입주 업무를 진두지휘해 보고 싶다는 꿈도 가지고 있다. 최고가 되지 않더라도, 내가 거쳐 간 단지의 회장님이나 동대표님들에게 '일 잘하는 소장'으로 기억되고 싶다.

현재는 관리소장으로서 다양한 경험을 축적하며, 급변하는 시대에 적응하기 위해 끊임없이 공부하고 있다. 아파트 관리소장은 단순한 관리직이 아닌, 하나의 작은 공동체를 이끄는 중요한 역할을 한다. 이 직업을 희망하시는 분들께는 무엇보다 '소통 능력'을 키우고, 건축, 회계 등 다양한 분야의 지식을 쌓으시길 권해드린다. 또한 다양한 상황에 유연하게 대처할 수 있는 버드나무 같은 마인드를 갖추는 것이 중요하다.

아파트 관리소장은 건강이 허락하는 한 정년 제한이 없는 직업이다. 전문성과 경험이 쌓일수록 가치가 높아지는 이만한 노후 직업이 또 있을까? '우리관리소장'이 바로 그 답이다. 새로운 도전을 통해 발견한 이 보람찬 직업에서 앞으로도 계속 성장해 나가고자 한다.

Ⅲ 관리소장 공개채용

우리관리는 2002년 출범과 동시에 업계 최초로 '주택관리사 공개채용 제도'를 도입하여 인사의 투명성과 공정성을 강화하고 있습니다.

매년 주택관리사 자격시험 합격자를 대상으로 공개채용을 실시하며, 신중한 절차를 통해 우수 인재를 선발하고 있습니다. 특히, 대표이사가 직접 심사 및 면접을 주관하여 인재를 철저히 검증합니다. 단순한 서류 심사를 넘어 지원자의 역량과 윤리 의식을 객관적으로 평가하며, 관리소장으로서의 전문성과 책임감을 가지고 현장에서 신뢰받는 리더로 성장할 수 있는 인재를 영입합니다.

최종합격자는 체계적인 실무 교육을 통해 회계, 기술, 노무, 법규 등 필수 역량을 습득합니다. 또한 채용 이후에도 지속적인 역량 개발과 교육을 지원하여 관리 전문가로 성장해 나갈 수 있도록 합니다.

공개채용 모집요강
- 지원자격 - 당해연도 주택관리사보 합격(예정)자
- 지원시기 - 매년 10월 경(우리관리 홈페이지 별도 공지)

✱ 공개채용 프로세스

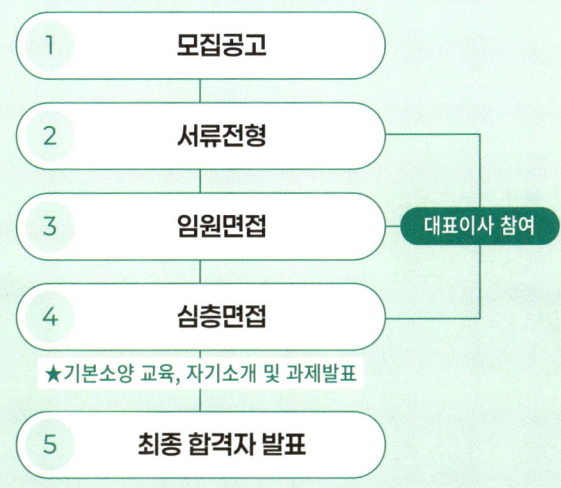

✱ 우리관리소장이 되는 또 다른 방법 '관리소장 수시채용'

우리관리와 함께 하고 싶은 역량 있는 주택관리사라면 누구나 지원할 수 있습니다. 관리소장 배치 과정을 투명하게 공개하며, 지원자 중 면접을 통해 관리소장을 선발합니다.

수시채용 모집요강
- 지원자격 - 동종업계 경력 1년 이상
- 지원방법 - 우리관리 홈페이지 '관리소장 수시채용' 지원

인터뷰 1

관리소장의 꿈, 우리관리 본사에서 키우다

주동민 매니저(공채 20기, 경영지원실 HR팀)
서보라 매니저(공채 16기, 경영지원실 CS팀)
진재원 매니저(공채 20기, 영업본부 지원팀)
박효진 책임매니저(공채 15기, 영업본부 지원팀)

우리관리 인재들의 성장 기록

우리관리 공개채용에 합격하면, 현장 관리소장 외에도 본사 근무라는 또 다른 기회가 주어집니다. 이번 인터뷰에서는 그 기회를 선택해 현재 본사에서 활약 중인 공채 출신 인재들을 만났습니다.

주택관리사 자격 취득과 공채 합격을 위한 노력, 본사 근무를 통해 얻은 성장의 경험, 그리고 언젠가 관리소장으로서 이루고 싶은 꿈까지. 이들의 진솔한 이야기를 전해드립니다.

주택관리사 취득 계기, 우리관리를 어떻게 알게 되었나요?

서보라(16기) 30대 초반쯤, '여자가 나이 들어서도 멋지게 일할 수 있는 직업이 무엇이 있을까?' 고민한 적이 있어요. 그때 처음으로 '주택관리사'라는 직업을 알게 되었죠. 마침 제가 살고 있던 아파트의 관리소장님이 여성분이셨는데, 일하시는 모습이 정말 멋져 보였어요. 그 모습을 보고 저도 주택관리사가 되고 싶다고 생각했고, 곧바로 공부를 시작했어요. 제가 그냥 앉아서 공부하는 건 자신 있었거든요.

이 직업이 나랑 맞을까 안 맞을까 이런 고민보다는 일단 시험을 보고 합격하고 나면, 뭔가 길이 보일 것 같았어요. 공부하다 보니 실제 관리사무소에서 일해보는 경험이 중요하겠다 싶어 지식산업센터 내 관리사무소에서 서무직으로 근무도 했어요. 또 앞으로 관리소장이 되면 경리 업무도 겸직으로 할 수도 있겠다는 생각이 들어 경리 학원도 다녔고요. 그 학원에서 처음으로 '우리관리'를 알게 되었는데, 대한민국 1등 관리회사라는 이야기를 들었고 자연스럽게 관심이 생겼습니다.

박효진(15기) 예전에는 아파트에 누군가 일을 한다는 생각을 해본 적이 없었어요. 아버지가 손재주가 좋으셔서 아파트에서 기전 일을 하게 되셨는데, 덕분에 주택관리사라는 직업에 대해 알게 되었죠. 그러다 30대 중반쯤, 진로에 대해 고민하던 시기에 주택관리사 자격증을 취득하게 되었습니다. 처음에는 여자가 하기 힘든 일이라고 아버지께서 말리기도 하셨어요.

제 입으로 말하긴 조금 쑥스럽지만, 제가 시험을 본 해가 유난히 난이도가 높았고, 그중에서도 제가 성적이 꽤 우수했습니다. (웃음) 이후 여러 회사에 공채 지원을 했고, 최종적으로 '우리관리'를 선택하게 되었습니다.

진재원(20기) 제 전공은 법학이에요. 그래서 부동산 관련 법률을 접할 기회가 많았고, 자연스럽게 부동산 분야의 자격증에도 관심이 생겼어요. 감정평가사, 공인중개사, 주택관리사 이 세 가지 자격증이 있다는 것도 그때 알게 되었죠.

마침 부동산 자격증을 공부해 볼지 고민하던 시기에, 제가 살고 있는 아파트에서 동대표 선거가 있었어요. 주택관리사가 어떤 일을 하는지 궁금해서 동대표에 지원해서 활동중이었는데, 아파트에 문제가 생기면서 위탁관리회사 직원분들이 방문하게 되었어요. 그때 현장에서 전문적이고 멋지게 일하시는 모습을 보았는데, 그 회사가 바로 '우리관리'였습니다. 그 일을 계기로 저도 주택관리사 자격증을 꼭 따야겠다고 마음먹었어요. 법학 전공 덕분에 법률 과목에는 자신이 있어서, 다른 분들에 비해 자격증을 비교적 수월하게 취득할 수 있었던 것 같아요. (웃음)

주동민(20기) 제 아내는 주택관리사 13회 합격자입니다. 아내가 주택관리사 자격증을 준비할 때 옆에서 지켜보기도 했고, 시험장까지 함께 갔던 기억도 있어요. 당시 저는 개인 사업을 하고 있었는데, 코로나19가 발생하면서 안정적인 직업에 대한 필요성을 절실히 느꼈습니다. 그때 아내의 권유 그리고 주택관리사는 나만 잘하면 언제까지 계속할 수 있다는 생각으로 주택관리사 자격증을 취득하게 되었죠. 준비하면서 주택관리사 모임에 참석했는데, 그 자리에 '우리관리' 소속 소장님들이 많이 있었어요. 우리관리 소장님들이 모임을 주도하고 계셔서 자연스럽게 관심이 생겼고, 그래서 저도 우리관리에 지원하게 되었습니다.

우리관리 공채 합격 팁에 대해 살짝 알려주세요

주동민(20기) 우리관리는 화려한 경력이나 스펙보다, 어떤 일에 사명감과 끈기를 가지고 끝까지 완수해 나가는 사람을 더 높이 평가하는 것 같아요. 이력서의 겉모습을 화려하게 꾸미는 분들이 많은데, 우리관리는 이력을 철저하게 검증하기 때문에 단순히 보여주기 위한 이력서는 금방 드러납니다. 파워포인트로 멋지게 포장한 이력서를 제출하는 경우도 있지만, 한글 문서로 차분히 작성한 이력서라도 그 안에 진심이 담겨 있다면 오히려 좋은 평가를 받았어요. 실제로 제 동기 중에도 그런 분들은 합격하셨고요.

진재원(20기) 회사가 어떤 방향으로 나아가고 있는지를 미리 알고 입사 준비를 하면 훨씬 도움이 되는 것 같아요. 저는 회장님 인터뷰가 실린 신문 기사나, 학회에서 발표한 자료 등을 참고하면서 회사의 철학과 비전을 이해하는 데 많은 도움을 받았습니다.

서보라(16기) 우리관리가 업계 1등 기업이다 보니, 공채 면접 질문을 정리한 자료들이 온라인에 많이 떠돌고 있어요. 면접장에 갔더니 많은 분들이 그 자료를 참고하고 계시더라고요. 하지만 그런 자료는 어디까지나 마음의 위안일 뿐, 실질적인 도움이 되기에는 한계가 있어요. 오히려 우리관리 공식 홈페이지에 있는 '우리관리 백문백답'을 꼼꼼히 읽고 숙지하는 것이 더 유익하다고 생각합니다. 우리관리에 대한 이해도를 높이고, 진정성 있는 답변을 준비하는 데 큰 도움이 될 거예요.

박효진(15기) 이 분야로 진입하는 분들의 경력이 전반적으로 점점 좋아지고 있는 것 같아요. 6년 전, 제가 처음 이 업계에 들어왔을 때만 해도 지금처럼 경쟁이 치열하진 않았는데, 최근 공채 지원자분들을 보면 정말 우수하다는 생각이 들어요. 그래서 앞으로는 예전보다 이 분야에 들어오기가 더 어려워질 수도 있겠다는 생각을 자주 하게 됩니다. 그래서 더더욱, 사회 초년생처럼 겸손한 자세로 정성스럽게 준비하실 것을 꼭 권해드리고 싶어요.

<u>본사 근무의 장점이 뭐라고 생각하시나요?</u>

진재원(20기) 저는 뭐든지 거시적인 시각으로 먼저 바라본 후에 세부적인 부분으로 들어가는 것이 좋다고 생각해요. 우리나라 공동주택들이 위탁관리 방식을 많이 선택하고 있는데, 위탁관리회사 내부에서 일들이 어떻게 돌아가는지 전체적인 그림을 이해하면 나중에 현장에서 일할 때 훨씬 수월할 것 같아요.

지금 제가 하는 리스크 관리를 통해 다양한 사건들을 접하고, 그것들이 해결되어 가는 과정을 지켜보며 간접 경험을 쌓고 있습니다.

이런 경험들은 제가 언젠가 현장으로 나가게 되었을 때, 예상치 못한 문제가 갑자기 발생하더라도 침착하게 대응할 수 있는 든든한 밑거름이 될 것 같아요.

주동민(20기) 저도 진재원 매니저와 비슷한 생각이에요. 본사에서는 다양한 사업장 유형과 이슈를 접하면서 실무적인 기준뿐 아니라 전략적인 시각을 기를 수 있습니다. 사업장에서 일하고 있지는 않지만, 간접적으로 보고 경험하면서 시야가 넓어지는 것 같아요. 우리관리 공채는 본인의 의사에 따라 언제든 현장 배치가 가능하고, 본사의 든든한 지원 속에 준비된 상태로 나갈 수 있다는 큰 장점이 있습니다. 그동안 봐왔던 우수한 소장님들의 사례를 떠올리며, 저 또한 방향성과 기준을 명확히 잡고, 본사와 현장이 신뢰하는 소장이 될 수 있을 것 같아요.

박효진(15기) 저는 조금 다른 시각이 있어요. 제 생각에 관리소장은 자신에게 맡겨진 나무 한 그루를 정성껏 가꾸는 사람이에요. 반면 본사에서 일하다 보면 숲 전체가 보여요. 그런데 재미있는 건, 이 넓은 숲에서도 주로 건강하지 않은 나무들이 눈에 띈다는 점이에요. 아무래도 좋은 소식보다는 문제 상황이 본사로 더 많이 전달되기 마련이니까요. 좋은 일들은 대개 결과만 간략히 알려지지만, 어려운 일들은 그 해결 과정을 처음부터 끝까지 지켜보게 되는 것 같아요. 그래서 가끔은 관리소장으로 현장에 나가는 게 두렵기도 해요. 하지만 이런 경험들이 쌓이다 보면, 나중에 제가 관리소장이 되었을 때 어떤 상황이 발생하더라도 경험을 토대로 유연하게 대처할 수 있을 것 같아 긍정적으로 생각하고 있습니다.

향후 어떤 관리소장을 꿈꾸나요?

주동민(20기) 저는 "최선을 다했습니다."라는 말보다 결과로 증명하는 소장이 되고 싶습니다. 입주민과 직원, 본사의 신뢰를 모두 얻을 수 있는 우리관리의 랜드마크 단지 소장, "그 단지, 주동민 소장이 맡았으니 잘 되겠네."라는 평가를 받는 소장이 되는 것이 제 목표입니다.

진재원(20기) 진부하게 들릴지 모르지만, 저는 믿을 수 있는 소장이 되고 싶습니다. 본사에서 봤을 때는 업무를 체계적으로 잘하고, 재계약을 안정적으로 이끌어내며, 입주자대표회의와도 자발적이고 원활하게 소통하는 소장, 직원들에게는 까다로운 입주민 민원으로부터 든든한 방패가 되어주고, 각자의 노력과 성과에 걸맞은 보상을 줄 수 있는 소장 (연말에 급여를 올려 줄 수 있는 그런 소장^^), 입주민에게는 "우리 아파트는 이 소장에게 맡기면 안심이다."라는 신뢰를 받을 수 있는 그런 소장이 되고 싶습니다.

서보라(16기) CS 강의를 진행하며 여러 아파트 단지를 방문하다 보니, 관리소장님의 개인적 성향과 이미지가 관리사무소 전체 분위기를 좌우하는 것을 자주 느껴요. 권위적인 소장님이 계신 곳은 사무실 분위기마저 경직되어 있지만, 밝고 친근한 소장님이 이끄시는 곳은 사무실 전체가 활기차고 따뜻함이 느껴지거든요.

저는 직원들에게 따뜻한 미소와 공감을 나누는 관리소장이 되고 싶습니다. 밝은 에너지가 흐르는 관리사무소는 단순히 좋은 근무 환경을 넘어 효율적인 업무처리와 원활한 소통의 기반이 된다고 생각해요.

박효진(15기) 저는 유연한 관리소장이 되고 싶어요. 관리소장은 의견을 강하게 밀어붙이지 않고, 직원들과 불필요한 갈등보다는 협력을 추구하며, 어느 한쪽에 치우치지 않고 균형 있게 판단하는 게 중요하다고 생각해요.

단지 특성, 직원 성향, 입주자대표회의 분위기를 고려해 상황에 맞게 유연하게 대응하되, 업무는 철저히 수행하고 싶어요.

주택관리사이자 위탁관리회사의 구성원인 이들은 각자의 자리에서 공동주택관리 산업의 발전을 위해 묵묵히 최선을 다하고 있었습니다.

유능한 인재를 채용해 전문가로 성장시키고, 관리 현장의 운영을 한층 더 효율적으로 만들며, 함께 일하는 동료들의 마음을 세심히 돌보는 모습에서 이들의 진심이 깊이 전해졌습니다.

그들의 노력을 들여다보며, 우리나라 공동주택관리 산업의 장래가 더욱 밝고 건강하게 나아갈 것이라는 희망을 느낄 수 있었습니다. 우리관리가 그려가는 밝은 내일이 기대되는 이유입니다.

♦

7

나는 우리관리 초보소장이다

김 혜 선
관리소장

'중대재해처벌법', '135m^2 초과'

이 두 단어는 우리관리 공채 면접 시 나를 수렁에 빠뜨리기도 하고 건져주기도 한 단어들이다. 중대재해처벌법에 관해 자세히 알지 못했던 나는 대답 후 면접관님들의 날카로운 눈빛에 영락없이 떨어졌다고 생각했다. 다행히도 구사일생으로 공채 18기에 합격하고 중간관리자를 제외하고 소장으로서는 동기 중 1호로 배치를 받았다. 15년 넘게 직장생활을 했지만 10년 이상의 경력 단절로 다시 사회생활을 시작하기가 힘들었기에 주어진 기회에 너무도 감사했다.

기대와는 달리 관리소장으로서의 시작은 녹록지 않았다. 매일 아침저녁으로 찾아와 일일이 간섭하고 거친 말을 쏟아내며, 자기 말에 따르지 않으면 본사에 소장 교체를 요청하겠다는 엄포까지 놓는 입주자대표회장과 마주해야 했다. 심지어 회의에서 공식적으로 의결된 안건마저도 자기 뜻에 따라 바꾸려는 모습에, '이 길이 과연 나와 맞는 길일까?' 하는 깊은 고민에 빠지기도 했다. 다행히 몇 개월 뒤 새로운 동대표들과 회장이 선출되어 얼마나 다행이던지.

  나의 소장으로서 첫 시작은 170세대, 25년 된 구축 아파트의 경리 겸직 소장이었다. 직원은 일근직 시설 직원과 경비 2명, 미화 2명, 그리고 초보 여자 관리소장… 할 일이 많았다. 시설 챙기랴, 관리비 부과하랴, 세대 민원 쫓아다니랴, 회의 자료 준비하랴 한 달이 어찌 가는 줄 모르고 무조건 열심히 했다. 구축 아파트여서 그런지 옥상이며 지하 주차장 누수가 많았다. 처음에 옥상 방수 공사를 위해 박공지붕에 올라갔을 때는 안전대를 맸음에도 다리가 후들거려 제대로 서 있을 수가 없었다. 차근차근 하나씩 문제 있는 곳들을 해결하고, 여태까지 챙기지 못한 시설물들을 하나씩 점검하며 지내다 보니 어느새 3년 3개월이라는 시간이 훌쩍 지나버렸다.

그동안 진행한 공사만 해도 옥상 방수 공사, 방송 장비 교체 공사, 정화조 메인 패널 교체 공사, 아스콘 공사, 승강기 교체 공사 그리고 두 번의 동대표 선거와 관리규약 개정, 장기수선계획 수시 조정과 정기 조정 등 참 숨 가쁘게 달려왔다. 그중에서도 제일 힘들었지만 가장 기억에 남고 보람이 되었던 것은 승강기 교체 공사였다. 어떤 분은 도와주는 직원 없이 승강기 공사는 무리라며 도망 나오라고까지 했지만, 언제 또 이런 큰 공사를 경험할 수 있을까 싶어 소중한 기회라는 생각에 용기를 냈다.

시기적으로 수요가 몰리며 치솟은 승강기 공사 비용, 턱없이 부족한 장기수선충당금, 박공지붕 구조로 인해 옥상에 접근할 수 없어 발생하는 주민들의 불편 등 여러 난관이 있었다. 이에 장기수선계획을 수시로 조정해 충당금을 두 배로 증액하고, 그에 맞춰 관리규약도 개정하였다. 공사에 앞서 진행해야 할 행정 절차도 많아 행위허가 신청부터 각종 공고문 작성까지 모든 과정을 혼자서 챙기다 보니 더욱 바쁜 나날이 이어졌다. 그렇게 1년 6개월여의 시간이 지나고 새 승강기가 운행됐을 때의 그 기쁨이란, 승강기 바닥에 이불을 깔고 자고 싶을 정도였다.

경험이 없음에도 내가 소장으로서 용기를 낼 수 있었던 것은 얼토당토않은 질문에도 친절히 대답해 주시고, 소중한 자료들을 아낌없이 풀어 주시며 경험을 나눠 주신 우리관리 동기, 선배 소장님들 덕분이라 생각한다. 후배의 하찮은 입력값에 몇 배의 아웃풋이 나오는 신비한 화수분이다.

또 우리관리소장으로서 누릴 수 있는 가장 큰 장점은 잘 정비된 업무 시스템과 자료 시스템이다. 사실 초보 소장으로서 가장 두렵고 어려운 점은 '내가 지금 진행하고 있는 이 방식이 맞는 방법일까? 뭔가 놓치고 있는 건 없을까? 혹시 위법 사항인데도 모르고 있는 건 아닐까?' 하는 불안감이다. 하지만 큰 걱정은 할 필요가 없다. 관리 캘린더에 따라 매달 정해진 업무를 차근차근 수행하면 되고, 그 외에도 시시각각 생기는 이슈에 맞게 2주마다 진행하는 '우리ON' 교육도 있으니 말이다. 나 같은 초보 소장에게는 이처럼 든든한 뒷배가 없다.

2023년 1월, 옥상의 소방 배관이 동파되어 약 열흘간 승강기 1대의 운행이 중지되었던 적이 있다. 기종이 오래된 탓에 부품 수급이 어려워 수리가 지연되었고, 거동이 불편한 주민들도 공사 진행 상황을 쉽게 확인할 수 있도록 각 층에 매일 공고문을 게시했다. 꼼짝없이 갇혀 계신 어르신들만 있는 세대에는 필요한 것이 없는지 자주 방문하며 안부를 살폈다. 어느 날 한 어르신께서 "우리 소장님 고생하시네요."라며 든든하게 드셔야 한다고 율무차 두 포를 걸쭉하게 타 주셨는데, 그 따뜻한 맛을 지금도 잊을 수가 없다.

소위 말하는 '어려운 단지'에 첫 부임 후 3년 3개월이 지났다. 늘 붙어 다니던 주택관리사 '보'도 이제는 떼어버렸다. 돌아보면 '무식하면 용감하다'는 말처럼 참 정신없이 달려왔다. 일근직 시설직원 밖에 없어 야간이나 주말에 모르는 번호로 전화가 오면 단지에 무슨 일이 생겼나 걱정되어 받기가 두려웠고, 휴가도 길게 가기 어려웠으며, 밤늦게나 주말에 불려 나간 적도 부지기수였다. "소장님 오시고 관리비가 너무 많이 올랐어요."라는 불평 한마디에 의기소침해졌다가도 "우리 소장님 오시고 아파트가 달라지고 좋아졌어요. 다른 데 가지 마세요."라는 따뜻한 말 한마디에 기분 좋아지는, 참 단순한 소장이다. 그간의 노력이 헛되지는 않았는지, 십여 년간 동결돼 있던 위탁관리수수료를 인상해 재계약에 성공했다. 이만하면 초보소장 탈출 성공인가?

관리소장은 어려우면서도 매력이 있는 직업인 것 같다. 자부심을 가지고 오래오래 잘하고 싶다. 그러기 위해서는 공동주택관리 전문가로서 법률, 회계 등 다양한 분야에 대한 지식을 중무장하고, 각양각색의 사람들이 어울려 사는 공동주택인 만큼 입주민들의 의견을 들어주는 열려 있는 귀와 공감과 소통을 위한 따뜻한 마음을 갖겠다고 다시 한 번 다짐해 본다.

⑧ 초보 관리소장의 좌충우돌 성장기

송영선
관리소장

2023년 12월, 준정년 퇴직 후 주택관리사 시험에 합격해 우리관리에 입사했다. 이후 2025년 1월, 수원에 위치한 178세대 규모의 한 아파트에 관리소장으로 부임했다. 우리 아파트는 관리소장 1명, 일근 기전직 1명, 경비원 2명, 미화원 2명이 함께 일하고 있었다. 신임 소장으로서 내가 처음 겪은 어려움은 아파트 경리 회계 업무에 대한 지식이 전혀 없었다는 것이다. 그럼에도 나는 관리소장으로서의 책임을 다하기 위해 노력했고, 매일매일 새로운 도전과 맞서며 성장해 나갔다.

좌충우돌의 시작

관리소장으로 부임 첫날, 아파트 관리와 회계 업무에 대한 지식이 부족한 상태에서 예상치 못한 민원과 상황들이 이어졌다. 입주자대표회의는 비용 절감을 최우선 과제로 삼고 있었지만, 곧 있을 대표회의 선거를 앞두고 주요 결정들이 미뤄지는 경우가 많았다. 무엇 하나 명확하지 않은 상황 속에서, 나는 스스로 방향을 정하고 나아가야 했다.

초기에는 우리관리 시스템이 낯설고 복잡하게 느껴졌다. 하지만 시간이 지나며 하나씩 익숙해지고, 어느 정도 혼자 설 수 있게 되었을 때 비로소 시스템이 보이기 시작했다. 그리고 깨달았다. 이 시스템을 잘 활용하면, 아니 가이드를 잘 따라가기만 해도 정말 좋은 소장이 될 수 있다는 믿음이 생겼다. 결국 중요한 것은 시스템을 신뢰하고 적극적으로 활용하는 것이었다.

첫 번째로 마주한 과제는 입주자대표회의 구성이었다. 선출이 늦어지면 아파트 관리와 주요 의사결정에 어려움이 많을 것으로 예상했다. 그래서 예전 동대표들에게 직접 연락을 드리고, 공고문을 유심히 살피는 입주민에게 "동대표 한번 해보시죠."라며 말을 건네며 다각적인 노력을 했다. 그렇게 다섯 차례 공고 끝에 가까스로 입주자대표회의가 구성되었다. 그 와중에 장기수선계획의 정기 검토와 조정도 마무리하고, 생전 처음 해보는 결산보고도 무사히 마쳤다. 그 과정에서 신임 소장으로서 꾸준한 노력과 인내가 얼마나 중요한지 깨달았다. 문제를 해결하려면 시간이 걸리고, 계속해서 소통하고 조정하는 과정이 필요하다는 것을 배웠다.

위기 속에서의 성장

시용 기간 중 가장 큰 도전은 화재 사고였다. 3월 어느 날, 한 세대에서 화재가 발생해 소방차 세 대와 119구급차, 그리고 경찰차까지. 비상시 볼 수 있는 모든 것들을 보았다. 화재 발생 세대는 재산 피해가 있었지만, 다행히 인명 피해는 없었고, 다른 세대도 피해는 없었다. 그 상황에서 가장 중요한 것은 관리소장의 책임을 다하는 것이었다. 현장에서 화재 상황과 피해 정도를 파악하고, 비상 시스템이 제대로 작동했는지 점검하며, 복구 과정까지 챙기는 모든 일이 나의 몫이었다.

화재 사고는 예기치 않게 발생했다. 하지만 내가 관리소장으로서 해야 할 일은 바로 사고 상황을 신속히 파악하고 빠르게 대응하는 것이었다. 사고 발생 직후 현장에 나가, 피해를 최소화하고, 입주민들이 불안해하지 않도록 빠르게 조치를 취했다. 피해 세대에는 보험 보상을 원활히 진행하기 위해 관련 절차를 빠르게 처리했다. 이 경험을 통해 '위기 상황에서의 빠른 판단과 행동'이야말로 관리소장의 중요한 역량임을 배웠다. 평상시의 일상 관리뿐 아니라, 예기치 못한 사건 속에서도 중심을 잡는 것이야말로 내가 해야 할 일이었다.

'왜? 우리관리소장이니까!'

화재 사고를 겪은 뒤, 관리소장으로서의 책임감을 더욱 깊이 느끼게 되었다. 내가 맡은 아파트에서 벌어지는 모든 일에 대해 책임을 지고, 입주민들에게 최선의 서비스를 제공해야 한다는 사명이 가슴 깊이 다가왔다. '왜? 우리관리소장이니까!'라고 말하며, 매일 같이 이 사명감을 되새기고 있다. 이 말은 단순한 자부심에서 비롯된 것이 아니다. 내가 맡은 아파트의 모든 상황에 대해 책임감을 가지고, 입주민들이 더 나은 환경에서 살아갈 수 있도록 돕겠다는 다짐이 담겨 있다.

그동안의 경험은 내게 많은 것을 가르쳐 주었다. 관리소장의 역할은 단순히 시설을 관리하고, 일상적인 업무를 처리하는 것 이상이다. 입주민들의 삶의 질을 높이기 위해 끊임없이 고민하고, 문제 상황에서는 누구보다 빠르게 움직여야 하는 책임 있는 자리이다. 내가 겪은 도전과 위기 속에서, 나는 점점 더 성장하며 이 책임을 다해가고 있다.

전진하는 관리소장

 부임한 지 세 달이 되어간다. 짧은 시간 동안 많은 좌충우돌과 도전이 있었지만, 그 모든 경험은 나를 한 단계 더 성장하게 했다. 위기 상황에서의 빠른 대응, 입주자대표회의와의 협력, 결산과 장기수선계획 검토·조정 등 많은 일을 수행하면서 관리소장으로서의 중요한 역할을 깨달았다. 이제 나는 어떤 어려움에도 굴복하지 않고 전진할 준비가 되어 있다.

 앞으로도 관리소장으로서 내가 할 일은 끝이 없을 것이다. 계속해서 아파트를 관리하며, 입주민들에게 안전하고 쾌적한 환경을 제공하기 위해 최선을 다할 것이다. 나는 역할을 다하며, 더 나은 관리소장으로서 계속 성장할 것이다.

 '왜? 우리관리소장이니까!'라는 다짐은 앞으로도 계속해서 나를 이끌어 갈 것이다.

9

나는 슈퍼우먼!
오늘도 현장을 지키는 새내기 소장입니다

곽성미
관리소장

나는 새내기 관리소장이다. 비록 '관리소장'이라는 직함을 단 시간은 그리 길지 않지만, 이 업에서 일한 시간은 강산이 변할 만큼 흘렀다. 아파트 관리사무소에서 일하며 수많은 사람을 만나고, 다양한 일들을 겪으며 그 안에서 웃고 울고, 때로는 좌절하고 다시 일어서며 성장해 왔다. 관리 현장은 생각보다 훨씬 더 손이 많이 가는 공간이고, 보이지 않는 곳까지 세심하게 살펴야 하는 곳이다. 하루하루가 예측 불가능한, 살아 숨 쉬는 곳이다.

함께 근무하던 소장님은 나의 근무 태도를 유

심히 지켜보시고는 "관리소장을 해도 아주 잘하겠어요."라며 주택관리사를 권유하셨다. 그 말 한마디는 내 마음속 깊은 곳에 오래도록 잠들어 있던 용기를 조용히 깨우는 계기가 되었다. 도전하기 전, 내 마음은 불안과 부담으로 무거웠다. 아이는 아직 어렸고, 공부는 결코 만만치 않았다. 하지만 포기하지 않고 한 걸음씩 나아간 끝에, 드디어 '주택관리사 곽성미'라는 꿈을 이루게 되었다.

그러나 합격의 기쁨을 누릴 새도 없이, 위탁관리회사에서 공채 제도를 통해 관리소장을 채용한다는 사실을 알게 되었다. 운 좋게도 한 선배 소장님께서 회사를 추천해 주시겠다고 하셨지만, 나는 끝까지 스스로의 힘으로 '우리관리'라는 회사에 당당히 입사하고 싶었다. 그렇게 도전했고, 결국 우리관리 17기 공채에 합격하는 영광을 안았다. 공동주택관리 분야 1위 기업에서 근무하게 되었다는 사실만으로도 내게는 꿈만 같은 일이었다.

공채 합격 이후, 동기들과의 모임이 생겼고, 나는 그 모임에서 전체 임원을 맡게 되었다. 동기들과 선배 소장님들과 교류하며, 서로의 이야기를 나누고 현장의 노하우를 공유하는 시간은 내게 새로운 사회를 선물해 주었다. 동기들이 하나둘씩 배치를 받기 시작했고, 나는 언제쯤 현장에 나가게 될지 설렘과 두려움이 교차하는 날들을 보냈다. 마치 롤러코스터를 타는 듯한 감정의 출렁임 속에서, 2021년 6월 본사 면접과 입주자대표회의 면접을 거쳐 첫 현장에 당당히 입성했다.

처음 현장에 들어섰을 때, 나를 바라보는 관리사무소 직원들의 낯선 시선이 느껴졌다. 나이가 어리고, 여성이라는 이유로 '과연 잘할 수 있을까?'라는 의구심이 담긴 눈빛이었을지도 모른다. 그때 나는 마음속으로 단단히 다짐했다. '나는 잘할 수 있다. 꼭 해내겠다.'

첫날부터 하자 소송, 공사 등 크고 작은 현안들이 한꺼번에 밀려들었다. 설상가상으로 기전 과장이 갑작스레 퇴직하고, 후임 채용도 여의치 않아 시설 업무는 기전팀에 전적으로 의지해야 하는 상황이었다. 그때 다시 한번 느꼈다. 관리소장에게는 시설에 대한 기본적인 이해와 공부가 반드시 필요하다는 사실을 말이다. 하루하루 일이 쌓여갔고, 피로도는 점점 높아졌다. 목소리는 쉬고 밤에는 잠을 이루지 못한 채 휴대폰을 손에 꼭 쥐고 아파트 걱정에 뒤척였다. 마음속 긴장감은 좀처럼 내려놓을 수 없었다. 이것이 바로 '관리소장'이라는 이름의 무게가 아닐까.

가장 어려웠던 것은 단연 민원이었다. 도무지 해결되지 않는 민원 앞에서는 무력함을 느낄 수밖에 없었다. 하지만 입주민의 입장에서 공감하고, 진심을 담아 설명하고 설득하는 것 외에는 방법이 없다는 것도 알게 되었다. 지금도 민원은 여전히 어려운 과제이지만, 그럴수록 결국 해답은 진심 어린 소통이라는 사실을 매번 새롭게 깨닫는다.

그 와중에 마음을 따뜻하게 해주는 순간들도 있었다. "수고 많으십니다.", "고생하셨어요."라는 입주민의 짧은 인사 한마디에, 꽁꽁 쌓여 있던 피로가 눈 녹듯 사라지는 경험은 얼마나 큰 위안이 되는지 모른다. 간식을 건네주는 입주민의 작은 정성은 내 마음을 더 부드럽고 따뜻하게 만들었다. 결국 이런 사소한 것들 덕분에, 나는 더 열심히 일하고 싶고, 최선을 다하고 싶은 마음이 생겼다. 나는 집을 정리하듯 아파트 단지를 가꾼다. 환경을 개선하고, 오래된 시설들을 하나하나 보수하며, 관리비 절감을 위해 끊임없이 고민한다. 그리고 어떻게 하면 입주민들에게 더 나은 서비스를 제공할 수 있을지를 늘 생각한다. 그런 노력이 조금씩 현실이 되어 긍정적인 평가로 돌아올 때, 보람을 느낀다.

2023년 1월, 우리 아파트 옆 공터에는 해양경찰서 신축 공사가 시작되며 소음과 비산먼지, 주말 공사 등으로 민원이 폭주하기 시작했다. 시행사, 시공사, 입주자대표회의와 여러 차례 간담회를 이어갔지만, 공사에 대한 보상 문제는 좀처럼 풀리지 않았다. 결국 나는 관리소장으로서 직접 중재에 나섰다. 큰 비용이 들만한 제안을 조심스럽게 시행사에 건넸고, 지하 주차장 LED 조명 전체 교체라는 실질적 보상을 끌어냈다. 그 결과 전기료는 30% 이상 절감되었고, 지하 주차장은 훨씬 더 밝고 안전한 공간이 되었으며, 입주민들의 만족도 역시 눈에 띄게 높아졌다. 이후 주변 공공기관이 함께 완공되면서 단지 가치는 더욱 올라갔고, 말 그대로 1석 3조의 효과를 거둘 수 있었다.

그 보답으로 나는 입주자대표회의로부터 전기료 절감과 환경개선에 대한 감사패를 받았고, 해양경찰서로부터는 표창장을 받는 영예도 안았다. 단지의 소소한 부분들을 하나씩 개선해 나가며 입주민들이 그 변화를 인정해 줄 때, 그 벅찬 뿌듯함은 말로 다 표현할 수 없다. 그렇게 하루하루 성실히 노력하다 보니, 2024년에는 행정안전부가 후원하는 대한민국 주거복지대상 개인 부문 우수상을 받는 기쁨도 안게 되었다. 위탁관리 계약이 종료될 시점에는 주민들의 긍정적인 평가로 재계약이 이루어졌고, 위탁관리 수수료도 자연스럽게 인상할 수 있었다.

2024년에는 우리관리의 '모범상'과 '기여상'을 동시에 수상하는 영광도 안았다. 내가 걸어온 이 길이 틀리지 않았다는 확신, 그리고 앞으로도 더 잘 해낼 수 있다는 자신감을 얻게 된 순간이었다. 나는 지금도 그리고 앞으로도 합리적인 관리비 절감을 위해 끊임

없이 고민하고, 입주민이 체감할 수 있는 서비스를 실천하기 위해 노력하는 관리소장으로 남고 싶다. 입주민의 불편을 해소하고 주거복지환경을 개선하며 노력하는 소장으로 말이다.

  나는 우리관리의 슈퍼우먼 소장이다. 오늘도 현장을 잘 지키는, 늘 열심히 일하는 새내기 소장이다. 그리고 이 길은 내게 자랑이자, 평생의 소명이다.

10

시작은 갱년기 때문이었다

설선옥

관리소장

시작은 갱년기 때문이었다.

침몰하는 배처럼 가라앉고 있다는 것을 알아차린 어느 날, 고용센터를 무턱대고 찾아갔다. 활기찬 50년을 살아야겠다는 당당한 포부를 가지고 고용센터를 방문했으나, 찬란했던 젊은 날의 이력은 휴지 조각이었고 오히려 거추장스러웠다. 긴 공백을 깨고 다시 사회생활을 하려니 공포와 두려움이 앞서기도 했다. 육아에 최적화된 몸과 뇌가 제대로 돌아가기나 할까도 싶었다. 그래도 도전! 아니면 말고, 그러니 도전!

회계경리학원부터 다녔다. 천천히 사회생활력

을 깨워 나가기 시작했다. 취업은 쉽지 않았다. 아니, 만만치 않았다. 수십 개의 이력서를 넣었지만 연락이 오지 않는다. 관련 경력이 전무한데다 적지 않은 나이의 도전이다 보니 면접 기회조차 얻기가 어려웠다. 고전을 면치 못하던 어느 날 잠실에 위치한 대단지 아파트의 파트타임 공고가 눈에 들어왔다. 유레카! 대단지 아파트의 파트타임! 이 한 줄이 공동주택관리 경력의 출발점이 되었다. 월급 받으며 현장실습을 하고 있다고 생각하니 하루하루가 소중하고 날마다 즐겁고 신이 났다. 드디어 살아있는 것 같았다. 그때는 아파트 관리사무소 경리 대리가 목표였다. 준 공무원이라길래!

그렇게 아파트 파트타임으로 시작해서 입주 오피스텔을 거쳐 아파트 경리 대리로 근무하게 되었다. 입주 오피스텔에서는 직접 입주를 받았다. 분리 부과는 당연하고, 하자 접수와 A/S 진행, 각종 서식의 표준화 작업, 전기 요금과 수도요금 계약 변경, 지자체 지원 등의 업무를 직접 주도하여 진행하면서 시끄러웠던 입주 오피스텔을 안정적으로 운영해 나갔다. 6개월 동안 관리소장이 6명이나 바뀌던 시기였으니, 준 관리소장으로 일해야만 하는 환경이기도 했다. 덕분에 관리소장에 도전해도 되겠다는 자신감이 생겨났다. 공동주택 관리사무소 경력을 채워 넣기로 했다.

우리관리로부터 인수받은 단지의 경리 대리로 이직했다. 모든 관리 서식을 삭제하고 떠난 자리에 들어가 세팅을 하려니 위탁사의 표준 서식부터 찾아야 했다. 놀랍게도 쓸만한 본사 제공 표준 서식이 없었다. 남겨진 우리관리의 서류들을 뒤적이며 알았다. 위탁사의 순위가 왜 회자되는지, 우리관리가 왜 탑이라고 하는지, 왜 다들 입을 모아 우리관리가 1등이라고 하는지. 그리고 이를 악물었다. 우리관리 공채 관리소장이 꼭 되어야겠다고! 본격적으로 주택관리사 공부를 시작했다.

운이 좋았다. 그것은 밤을 지새워 시간과 열정을 갈아 넣어 일궈낸 노력한 자의 운이었다. 그렇게 바라던 우리관리 공채 20기에 합격하게 된 것이다. 주택관리사보 합격보다 더 기뻤다. 공동주택관리업에 발을 들이고 꿈꿔왔던 그것을 이뤄낸 성취감은 내 인생 최대치의 도파민이었다. 동기 126명! 감격스러웠다. 다양한 사람들이 모여 동기가 되었다.

숨돌릴 틈이 없었다. 2024년 1월 1일 자로 관리소장 부임. 경리 업무 경력이 있었으나, 소장으로서는 첫 부임이니 역시나 동대표들의 시선이 곱지만은 않았다. 믿음직스럽던 소장이 떠나고 신참이 온다고 하니 심기가 편치 않았던 것이다. 그들의 불안을 어떻게 불식시킬까 고민했다. 맘에 쏙 드는 현장은 아니었으나, 그런 반응에 오기가 생겼다. 제발 떠나지 말라고 붙잡는 날이 오게 하겠다는 오기. "대표님들, 걱정 마십시오. 제가 전임 소장 생각 안 나도록 하겠습니다!"라고 호기롭게 던졌다. 사람들은 간혹 듣고 싶은 말을 해주는 용기 있는 말에 큰 위안을 얻기도 한다. '제발 그래 줘라.' 하는 마음이었겠지만, 조금은 안도하는 낯빛을 읽을 수 있었다.

첫 입주자대표회의에 승부를 걸었다. 관리소장에 대한 믿음의 물꼬만 트면 된다고 생각했다. 직원 관리를 먼저 했다. 사람이 모여 일하는 일터에서 사람과 사람의 관계가 가장 먼저라고 생각했다. 지면상 구체적인 사례를 나열할 수는 없으나, 원하던 것보다 효과는 상당히 좋았다. 일 잘하는 관리소장이 부임했다는 프레임이 저절로 씌워졌다.

첫 입주자대표회의에서 잠시 브리핑 타임을 가졌다. 부임 후 아파트에 대해 파악한 설비 문제부터 행정적인 부분 그리고 앞으로의 계획도 보고했다. 안건으로 상정하여야 할 것들은 안건으로 상정하여 관리소장의 업무처리 능력을 보여주었다. 첫 회의를 마치고, 동대표께서 앞으로 10년 근무하고 은퇴하자고 하는 것이다. 어라? 붙잡는 날이 너무 빨리 왔는걸?

선거관리위원 선출, 동대표 선거, 장기수선계획 수시 조정, 관리

규약 및 주차장 운영규정 개정 등 주요 업무는 물론, 단지 주변 보도블록 무료 교체, 전기차 충전기 설치 문제 해결, 관리비 장기 연체 세대 조치 등 다양한 현안에 대한 개선과 문제 해결을 통해 관리소장의 업무능력을 입증하면서 가열찬 관리소장의 하루하루를 채워나갔다. 우리관리 공채 관리능력에 대한 신뢰도 또한 수직 상승했다고 자부한다. 앞 단지 동대표까지 종종 찾아오기도 하니 말이다.

나에게는 100명이 넘는 공채 동기들이 있다. 우리관리 공개채용 제도는 회사 차원에서도 관리소장의 입장에서도 든든한 제도라는 것을 관리소장으로 근무하면서 오히려 확연히 절감한다. 언제든 고민을 나누고 정보를 공유할 공채 동기들이 있어 든든하고 감사하다. 체계적인 종합관리 솔루션은 이미 업계 탑이라 말할 필요가 없다.

어느새 갱년기를 잊고 살고 있다. 가끔 뜬금없이 열이 오르고 식은땀이 나기도 하지만, 관리소장으로서의 일상이 갱년기를 잊게 한다. 활기찬 50년 가능하겠지?

공동주택 행정의 연결고리, 관리소장의 또 다른 길

성시은 주무관 (구리시청 건축과 공동주택감사팀)

우리관리 출신 지방자치단체 주무관의 현장 행정 실천기

공동주택관리 현장에는 매일 다양한 일들이 일어납니다. 이 복잡한 현장에서 균형 잡힌 행정을 펼쳐가는 공무원이 있습니다. 우리관리 공채 출신인 구리시청 건축과 공동주택감사팀 성시은 주무관님의 이야기를 전해 드립니다.

성 주무관은 현장의 실무를 잘 알고, 각자가 겪는 어려움을 깊이 이해하며 공동주택관리 행정에서 든든한 연결고리 역할을 하고 있습니다. 행정 담당자 입장에서 본 공동주택관리에 관한 이야기를 들어보았습니다.

공동주택관리 주무관으로 일하게 된 특별한 계기가 있으신가요?

우리관리 공채 13기로 입사해 관리소장으로 근무하던 중, 억울한 과태료 처분을 받았습니다. 당시 단지 내 로비폰 일부가 고장 나기 시작했어요. 입주자대표회의 의결로 부족한 장기수선충당금을 고려해 로비폰을 일시에 교체하기보다 고장이 난 것부터 우선 긴급공사로 교체하고, 이후 장기수선계획 수시조정에 반영하는 식으로 조치했습니다. 국토교통부 장기수선계획 가이드라인상 로비폰은 수선 주기에 '전면 교체'로 분류되지만, '전면 교체의 최소 단위'는 단지 전체가 아닌 개소별로 인정하고 있었거든요. 그러나 관할 지자체에서는 단지 전체 로비폰을 일시에 교체하지 않았다는 이유로 과태료를 부과했습니다.

입주자의 동의를 받아 수시조정을 적법하게 진행했고, 개인적인 이익도 없었으며 입주민에게 손해를 끼친 사실이 전혀 없었음에도, 아파트 재정을 아끼고자 했던 조치에 대해 과태료 처분이 내려진 것을 받아들이기 어려웠어요. 더 안타까웠던 건, 당시 해당 지자체에는 공동주택 현장을 이해하고 경험한 주택관리사 출신 주무관이 없었다는 점입니다. 현장의 현실을 충분히 고려하지 못한 채 매뉴얼대로 기계적인 판단을 내렸고, 그 결과로 억울한 행정처분을 받게 된 것이죠.

관리소장으로서 무력감과 좌절을 깊이 느꼈습니다. 그 무렵 지인을 통해 구리시에서 주택관리사 출신 주무관을 채용하고 있다는 소식을 접하게 되었고, 문득 결심이 섰습니다. '내가 직접 주무관이 되어, 나 같이 억울한 일을 다시는 반복되지 않도록 해야겠다.'라는 다짐이었습니다. 그렇게 지원서를 냈고, 운 좋게 합격하여 현재까지 구리시청 공동주택감사팀 주무관으로 일하고 있습니다.

지자체의 공동주택관리 주무관은 어떤 일을 하나요?

지자체마다 업무 분장이 다르지만, 구리시의 경우 의무관리 대상 공동주택의 각종 행정업무를 비롯해 민원 상담, 질의 회신, 분쟁 조정, 정기감사, 집합교육, 관내 주택관리회사 지도점검 등 공동주택관리 전반을 담당하고 있습니다.

우리관리 출신 관리소장으로서 지닌 장점은 무엇인가요?

무엇보다 실무 경험이 가장 큰 자산입니다. 관리소장으로 근무하며 민원을 직접 응대했던 경험 덕분에, 현재 주무관으로서 현장의 목소리를 더 깊이 이해할 수 있습니다. 또한 관리소장으로 일한 경험을 통해 관련 법령이나 지침에 익숙하여서 민원 대응이나 행정 안내도 더욱 빠르고 정확하게 수행할 수 있는 것 같아요.

기억에 남는 민원이나 에피소드가 있다면요?

2024년 3월, 구리시청에 처음 임용되어 근무하던 시기였어요. 관내 한 아파트에서 중앙난방에서 개별난방으로 전환하는 공사를 추진 중이었고, 입찰 과정에서 공사 금액이 지나치게 높아 담합이 의심되는 상황이 벌어졌습니다. 입주자대표회의 회장님과 관리소장님이 매우 당황해하며 도움을 요청하러 시청을 방문하셨고, 저는 입찰서류를 꼼꼼히 검토해 보시라고 안내해 드렸습니다.

결국 한 업체가 실적 기준을 충족하지 못해 입찰이 유찰되었고, 재입찰에서는 적정한 가격으로 계약이 성사되었습니다. 만약 이 조치가 없었다면, 5억 원의 과도한 예산이 낭비될 뻔한 상황이었어요. 그 일을 계기로 주무관의 역할이 얼마나 중요한지 다시금 실감했고, 보람도 크게 느꼈습니다.

<u>현재 우리관리 소장님들과도 계속 소통하신다고 들었습니다.</u>

물론입니다. 저는 아직도 제 마음속에서는 '우리관리소장'이라고 생각하고 있습니다. 지금은 주무관으로 일하고 있지만, 언젠가 다시 현장으로 돌아갈 수도 있고요. 그동안 공채 선·후배 소장님들과 지속적인 만남을 이어왔고, 현장의 소식을 듣고 공유하는 것이 제 업무에도 큰 도움이 되고 있습니다.

<u>공동주택관리 제도나 정책 가운데 개선되었으면 하는 점이 있다면요?</u>

현장에서 근무하시는 관리소장님들이 과도한 책임과 업무를 감당하고 있는 현실을 볼 때 가장 안타까운 마음이 듭니다. 공동주택관리 현장은 점점 더 복잡해지고 있음에도, 관련 제도와 행정은 여전히 현장의 어려움을 제대로 반영하지 못하고 있습니다.

대표적으로 공동주택관리와 관련된 과태료 처벌 조항이 지나치게 많아 소장님들이 늘 위축된 채 업무를 수행해야 하는 상황이 반복되고 있습니다. 또한 기계설비유지관리자 선임 의무, 소방 분야 성능점검, 전유부분 소방 점검 의무, 700세대 이상 단지의 층간소음위원회 의무 구성, 전기안전관리자의 무제한 선임 가능 조항 등은 관리주체가 감당하기 어려운 책임을 고스란히 떠안게 만드는 구조로 작동하고 있습니다. 이러한 문제들은 단순히 관리소장 한 사람의 문제가 아니라, 공동주택 전체의 주거환경과 직결되는 사안입니다. 이제는 보다 현실적인 제도 개선과 정책적 지원이 필요합니다.

예비 관리소장님들께 조언 한 말씀 부탁드립니다.

주택관리사는 전문성을 갖춘 직업이며, 공동주택의 쾌적한 주거환경을 위해 필요한 존재입니다. 가장 큰 장점은 정년이 없다는 점이지요. 실제로 구리시 관내 우리관리 사업장에 77세 소장님이 활기차게 근무 중이십니다.

주택관리사는 단순히 '관리'만 하는 직업이 아니라, 입주민의 삶의 질에 직결되는 아주 중요한 일을 하는 사람입니다. 사명감과 자부심을 가지고 일한다면 분명 큰 보람을 느낄 수 있을 것입니다. 강력히 추천해 드립니다!

앞으로의 커리어 목표가 있다면 말씀 부탁드립니다.

지금은 구리시민의 안정적인 주거환경 조성을 위해 힘쓰고 있습니다. 앞으로도 분쟁 조정과 실태 조사 등 현장 중심의 행정을 통해 입주민의 삶에 보탬이 되고 싶습니다. 또한 전기와 소방 분야의 자격증 취득, 그리고 관련 대학원 진학에도 관심이 많습니다. 모두 다 할 수 있을지는 모르겠지만, 건강과 여건이 허락하는 한 계속해서 도전할 계획입니다.

현장과 행정을 연결하는 성시은 주무관은 자신이 직접 체득한 현장 경험을 바탕으로 관리소장과 입주민들에게 실질적인 도움을 제공하고 있습니다. 성 주무관과의 인터뷰를 통해 주택관리사는 단순한 관리 업무를 넘어 입주민의 삶의 질을 책임지는 전문직임을 확인할 수 있었지만, 한편으로는 공동주택관리 제도의 근본적 개선이 절실하다는 현실 또한 드러났습니다. 현장의 생생한 목소리를 이해하는 행정가들이 더욱 많아지고, 그들의 깊이 있는 경험이 관리 현장의 실질적 변화로 이어지기를 기대해 봅니다.

◆

PART 2.
우리와 함께, 관리소장 성장노트
- 관리소장 성장기 -

11

나의 성장일지

박선희
관리소장

처음 아파트 관리사무소에서 일했을 때가 지금도 생각난다. 나는 '관리'라는 단어가 주는 무게와 책임감을 온전히 이해하지 못하고, 그저 즐거웠다. 결혼 후 집안일만 하며 지낸 지 5년 만에 다시 직장인이 되었으니 얼마나 새롭고 설렜겠는가. 아이들에게는 조금 미안했지만, 관리비를 부과하고 민원전화를 받고, 입주민들에게 "얼마 전새로 입사한 경리입니다. 잘 부탁드립니다." 인사하면, 또 반갑게 인사를 받아주고. 그때는 아파트 경리였고, 관리의 무게감을 모른 채 그저 모든 것이 좋기만 했던 시절이었다. 관리소장님을 옆에서 지켜보았지만 그 자리는 내 자리가 아니라고 생각했다. 관리소장님의 어려움은 나의 어려움이 아니었고, '내 자리는 아니구나.' 하며 벽을 쌓았다.

  10년의 시간이 흐르면서 아이들은 커갔고, 남편은 직장에서 승진했지만, 나는 늘 그 자리에 머물러 있었다. 뭔가 변화가 필요했다. 그렇게 나는 주택관리사 저녁반 학원에 등록했고, 퇴근 후 학원으로 향했다. 도전은 평범한 일상에 활기를 불어넣었다. 그 해 주택관리사에 합격하고, 우리관리 공채를 준비하던 시절이 지금도 생생하다. 비록 40대였지만, 마치 20대 사회 초년생처럼 새로운 출발을 위해 나를 돌아보게 되었고, 내가 생각하는 나보다 더 괜찮은 사람임을 스스로 증명해 보는 시간이었다. 우리관리와의 인연은 그렇게 시작되었다.

  오랜 시간 관리사무소 일을 해왔지만, 관리소장은 처음이었다. 40대에 젊고 빼빼 마른 초보 여 소장은 직원이 보기에도 만만해 보였을 것이다. 이런 내가 처음 부임한 곳은 30년이 넘은 노후 아파트였고, 경리 겸직 자리였다. 지하 기계실 입구는 고개를 숙이고 들어가야 했고, 합판으로 가려져 컴컴한 동굴 같았다. 가는 길에는 죽은 쥐들이 몇 마리씩 있었다. 저수조는 급수펌프 흡수구보다 한참 아래에 있었고, 쓸데없이 컸다. 큰 저수조 벽면의 파란색

페인트는 너덜너덜 떨어져 있었고, 그런 곳에 정수위 밸브가 있겠는가. 시수 공급 중단은 두 명이 양쪽에서 무거운 철문을 들고, 마치 옛날 우물에서 두레박줄을 내려 물을 긷듯 수위를 조절해야 했다. 전임 여 소장님이 "1년에 두 번 물탱크 청소만 잘하면 이 단지에서 오래 근무할 수 있어요." 라고 말하며, 인수인계의 8할을 저수조 수위 조절 방법에 할애하셨던 것이 생각났다. 그리고 당부했다. "고가수조에 들어가 잠수하고 싶지 않으면, 고가수조 밸브는 절대 건드리지 마세요." 70세가 넘은 기전 직원은 잠수할 수도 없고, 덩치가 큰 전직 태권도 사범 출신 기전 직원은 고가수조 입구로 들어갈 수 없으니 결국 소장인 내가 잠수해야 한다고 했다. 인수인계 시간은 금세 지나갔고, "고가수조에서 잠수할 수도 있어요." 이 말만 기억에 남았다.

부임 후 보름도 안 되어 물탱크 청소 일정이 잡혔다. 전임 소장님은 청소 전 퇴직하셨는데, 나름의 이유가 있었을 것이다. 물탱크 청소 3일 전부터 수위 조절에 들어갔다. 두둥. 2일 전 저녁, 복도식 아파트 한 동 약 200세대가 단수되었다. 아파트에 단전, 단수가 되면 정말 난리가 나는 걸 몸소 경험했다. 어리둥절한 초보 소장인 내가 할 수 있는 건 퇴근해서 오는 입주민들을 응대하고, 심지어 동굴 같은 기계실까지 찾아온 입주민들을 응대하고, 새벽에 출동

한 경찰까지 상대해야 했다. 두레박 밧줄을 내리고 시수를 공급하면서, 새벽 6시, 세대에 물이 공급될 때까지 관리사무소를 지켰다.

하지만 슬프게도 건너편 동에도 같은 구조의 저수조가 또 있었다. 물탱크 청소 하루 전날, 그 동은 밤 11시부터 단수가 시작되었다. 어제 겪은 일을 오늘 또다시 반복해야 했다. 밤 11시경 현장에 도착하니, 덩치 큰 기전 주임이 입주민들에게 온몸으로 욕을 먹고 버티고 있었다. 바통을 넘겨받은 나는, 전날처럼 묵묵히 소리 없이 입주민을 응대했고, 눈물이 흐르는 줄도 모르며 새벽까지 자리를 지켰다. 주택관리사 자격증만 가지고 있던 빼빼 마른 초보 소장은 몸소 경험으로 알았다. 아는 것이 힘이라는 것을. 급수펌프 흡입구와 토출구 높이, 고가수조 급수압력 값, 전기까지 모조리 알아야 했다. 그래서 다시 도전했다. 전기 학원 저녁반에 등록했고, 그때부터 지금까지 공부는 내 습관이 되었다. 기사 자격증도 하나둘 늘어나고 있다.

지금 근무하고 있는 아파트는 신축 단지인데도, 어느 토요일 새벽 3시에 한라인 전체 46세대가 정전되는 사고가 발생했다. 난방 전기 공급이 중단된, 아주 큰 사고였다. 사고 현장에 관리소장이 있다는 것만으로도 직원들에게는 힘이 되고, 입주민들에게는 안심이 된다. 새벽 3시, 아파트 현장으로 가는 차 안에서 스스로에게 말했다. "선희야, 잘할 수 있어. 너는 지금, 그 옛날 아무것도 모르던 초보 소장이 아니잖아." 그리고 꼬박 이틀이 지나 복구될 때까지 현장을 지키며 입주민에게 안심과 신뢰를 전했다. 잠은 다행히도 집에서 잤다.

아파트 관리 현장은 '사람'과의 만남이며, 만남에서 오는 갈등과 타협의 연속이다. 관리소장으로 일하면서 정말 다양한 사람과 문제들을 만났고, 우리관리 공채를 준비하던 시절처럼, 나는 다시금 '내가 괜찮은 사람'이라는 걸 알아가고 있다. 상대방의 좋은 점이 더 잘 보이기 시작했고, 그렇게 일도 더 수월해졌다.

아침부터 밤늦게까지 단지를 순찰하고 민원을 넣으시는 동대표분들은 아파트를 위한 진정한 봉사자들이고, 아파트 환경개선을 위해 시설 공사를 계획하는 동대표분들은 관리사무소에 일거리를 주고 갈등을 만드는 사람이 아니라, 아파트 시설 장수명화를 위한 사명감으로 결정을 내리는 분들이라는 걸 생각하게 되었다.

노래 가사에 아픈 만큼 성숙해진다고 했던가. 나는 아픈 만큼 성장해 가고 있다. 나는 이 일을 통해 더 나은 사람이 되고자, 우리관리의 자세처럼 자신에게 정직하고, 타인에게 신뢰를 주며, 고여 있지 않고 도전하고자 한다. 나는 오늘도 우리관리와 함께 묵묵히 하루를 시작한다.

12

나는 우리관리에서 파견한 총독이다!

김형근
관리소장

철도 공사를 정년퇴직한 후, '아파트 관리소장 정도면 제2의 인생을 폼나게 살아갈 수 있지 않을까?' 하는 생각으로 주택관리사 자격증을 취득했다. 그러나 주변의 반응은 그리 긍정적이지 않았다. 아파트 관리소장은 동대표나 입주민 민원 때문에 힘들고, 스트레스를 많이 받는 직업이라며 만류하는 이들이 많았다. 가끔 입주민의 갑질로 아파트 직원이 고충을 겪는 뉴스를 접할 때면, 정말 힘든 직업일지도 모른다고 생각하기도 했다.

그럼에도 불구하고 내 생각은 달랐다. 관리소장은 위탁관리회사에서 파견되는 전문 직업인이다. 마치 로마 제국의 총독처럼 단지를 대표해 운영을 책임지는 자리이니, 입주민이나 입주자대표가 소장을 좌지우지할 수는 없을 것이라는 막연한 자신감이 있었다. 게다가 '그까짓 동네일 좀 하는 데 뭐가 그리 어렵겠어?'하는 다소 치기 어린 마음도 한편에 자리 잡고 있었다.

물론 이런 자신감의 바탕에는 '우리관리'라는 든든한 조직이 있었다. 우리관리에는 수많은 선배 소장님이 계셔 조언을 구할 수 있고, 업무 포털 우리Genie에는 초보 소장을 베테랑으로 성장시켜 주는 마법 같은 자료와 교육 프로그램이 산더미처럼 쌓여 있다. 이러한 지원 체계 덕분에 어떤 초보 소장이라도 두려움 없이 현장에 투입될 수 있다고 믿었다.

2022년 11월, 현재 근무 중인 아파트에 관리소장으로 첫 출근을 했다. 출근 이튿날에는 입주자대표회의 회장님께 전화를 드려 면담을 요청했고, 정중하게 첫인사를 나누었다. 면담 자리에서 회장님은 아파트의 주요 현안들에 관해 설명해 주셨다. 특히 시급하고 민원이 많이 발생하고 있는 두 가지 사안에 대한 빠른 해결을 당부하셨다. 아파트 엠블럼이 포함된 벽부형 간판 설치 문제와 고층에 있는 스카이파크의 상습적인 누수 문제 해결이었다.

간판 설치 건은 이미 1년 넘게 매달 회의에서 논의만 되었을 뿐,

아무런 결론 없이 계속 이월되어 오던 안건이었는데, 11월에 부임한 내가 12월 안에 반드시 공사를 완료해야만 하는 장기수선계획 포함 공사였다. 시간적 여유가 없었다. 지난 1년간의 회의자료를 꼼꼼히 살펴보았다. 예상보다도 훨씬 전문적이고 세밀하게 정리된 자료에 놀라움을 금치 못했고, 동시에 그 방대한 분량에 또 질렸다. 솔직히 말하면, 초보 소장인 내게는 기존 방식대로 접근하기가 너무나 어려운 과제였다. 그래서 과감히 기존 자료는 정리하고, 내가 이해하고 설명할 수 있는 수준의 간단한 자료로 재구성하여 대표 회의에 올리기로 했다.

스카이파크 누수 문제 역시 만만치 않았다. 자료를 분석해 보니, 입주 5년 차부터 지속해서 누수가 발생해 왔고, 매년 땜질식 보수만 반복된 상태였다. 그 결과 해마다 공사비는 공사비대로 들어가고, 이에 따라 보험료는 매년 인상되는 악순환이 이어지고 있었다.

실제로 최근 몇 년간 보험금으로 처리된 금액만 해도 연간 3~4천만 원에 달했다. 이쯤 되니 내 마음에 걱정이 고개를 들었다. '이건 너무 어렵다. 내가 해결할 수 있을까?' 더욱이 직원들 이야기로는, 이곳은 세대 수가 180세대로 규모가 작아 입주민들이 비용을 사용하는 데 매우 보수적인 성향을 보인다고 했다. 전임 소장도 돈 문제로 많은 어려움을 겪으셨다고 들었다. 답이 보이지 않았다. 그러나 다시 마음을 다잡았다. 나는 누구인가? 우리관리에서 파견된 총독 아닌가. 입주민에게 신뢰를 주고 문제를 해결하리라! 그즈음 선배 소장님들께 조언을 구했고, 10년 차 하자와 연계해 종합적으로 접근해 보라는 제안을 받았다. 이 말에 용기를 얻은 나는, 스카이파크 누수 문제를 포함해 아파트 구조적 한계로 인해 반복적으로 발생한 상습 누수 문제 전체를 해결하는 조건으로 10년 차 하자 종결을 제안하는 회의 안건을 만들었다.

그렇게 회의자료를 준비해, 관리소장으로 부임한 후 처음으로 입주자대표회의에 참석하게 되었다. 그날은 입주자대표회의와의 공식 상견례 자리이기도 했다. 사전에 입주자대표회의 면접도 없이 배치된 상태였기 때문에, 여러 대표님께서 나에 대해 갖고 있는 불신과 의구심이 느껴졌다. 회의는 시작부터 차가운 분위기였다. 왜 우리관리는 항상 초보 소장을 보내느냐?, 세대 수는 적지만 주상복합 아파트라 경험 있는 소장이 필요한데, 당신도 생초짜 아니냐?는 따가운 항의가 이어졌다. 나는 묵묵히 그 말씀을 다 들었다. 그러자 한 대표님이 "가만히 듣지만 말고, 뭔가 말씀 좀 해보시죠."라며 다그쳤다.

잠시 숨을 고른 뒤, 나는 또박또박 이렇게 답했다. "제가 초보라서 마음에 들지 않으신다면, 우리관리 본사에 전화하셔서서 경력

소장으로 교체해 달라고 요청하십시오. 우리관리는 인재풀이 넓고 깊어, 즉시 소장을 교체할 수 있습니다. 하지만 100일만 기다려 주십시오. 100일 후에도 제가 초보로 보인다면, 그때 바꾸셔도 늦지 않습니다."

그날 회의는 다행히 차분히 마무리되었고, 내가 상정한 안건들도 의결되었다. 간판 설치 공사는 부임 2개월 차에 성공적으로 마무리되었고, 누수 문제는 시공사와의 줄다리기 끝에 여름 장마철이 시작되기 전 모든 공사를 마무리할 수 있었다. 그 결과, 그해 여름에는 단 한 건의 누수도 발생하지 않았다.

철도공사 역장, KTX 팀장, 이제는 3년 차가 된 초보 관리소장. 과연 지금도 아파트 관리소장 일이 '그까짓 동네 일'이라고 생각하고 있을까?

'어이쿠, 선배 소장님들. 제가 처음에 너무 쉽게 생각했었습니다. 아파트 관리소장이라는 일은, 모든 세상일에 능통하고 무불통지(無不通知)의 지식과 지혜를 갖춘 선배 소장님 같은 분들만이 할 수 있는 크고도 어려운 일이란 것을 이제야 깨달았습니다. 그리고 관리소장은 단순히 일꾼이 아닌, 입주민과 대표 앞에서 전문인으로서, 때로는 총독처럼 당당하고 신뢰 있는 존재가 되어야 한다고 생각합니다.'

2024년 11월, 나는 재계약을 마쳤고 2025년 10월이면 명실상부한 '주택관리사'가 된다. 그때가 되면, 보다 큰 대단지 아파트에서 '우리관리의 총독'으로 다시 도전하고 싶다.

13

현실에 안주하지 않는
주택관리사가 되어야 살아남는다

김명일

관리소장

    2016년 3월, 직장생활 26년 8개월째. 알 수 없는 무력감이 커지던 시기였다. 정년퇴직이라는 인생의 변곡점이 2년여 앞으로 다가오면서 자녀들의 결혼, 노후 생활에 대한 걱정으로 밤잠을 설치고, 적잖은 진로 고민에 빠져 있었다. 고민 끝에, 평균수명 85세 시대를 살아갈 인생을 생각하며 출퇴근 전후 시간 2년을 투자해 인생을 리뉴얼해보자 결심했고, 자격증 취득 위시리스트를 작성했다.

    행정학을 전공했지만, 국가기술자격 취득을 위한 실무경력이 없었기에, 고민 끝에 주택관리사와 공인중개사 자격증을 먼저 취득하기로 했다. 미래에 대한 불안감을 공부로 해소해 보자 마음먹고 나니, 당시 다니던 직장생활과 출근 전 2시간, 퇴근 후 4시간, 주말 8시간씩 공부하는 일정도 전혀 힘들지 않았다.

'노력은 배신하지 않는다.'라는 말처럼, 어렵다고 생각했던 자격증들을 동차로 모두 합격하는 기쁨을 누렸다. 2016년에는 공인중개사, 2017년에는 주택관리사와 1급 소방안전관리자를 취득했고, 이후 우리관리 14기 공개채용에 지원했다. 공개채용을 준비하며 30년 만에 자기소개서를 작성하는데, 쓸 내용이 너무 없어 스스로가 너무 부족한 사람이었구나 하는 생각에 울컥했던 기억도 있다. 그러나 과거보다 현재, 그리고 미래가 더 중요하다는 점을 면접관님께 진심으로 어필하며, 50대 중반에 늦깎이로 우리관리 소장이 될 수 있었다.

당시에는 직장에 다니고 있었기에 면접, 현장 방문, 오리엔테이션 일정에 휴가를 내어 참가해야 했고, 인생에서 가장 바쁘게, 그리고 열심히 나를 업그레이드하던 시기였다. 자기소개서에는 단순히 합격에 그치지 않고, 주택관리 분야의 진정한 전문가가 되겠다는 포부와 함께 조경, 경비지도사 자격증도 꼭 취득하겠다는 다소 무리한 공약도 적어 넣었다. 하지만 그 공약대로 2019년 조경

기능사, 2020년 도시농업관리사, 2021년 일반경비지도사 자격증을 취득하며, 입사 3년 만에 자기소개서에서 약속했던 자격증을 모두 취득했다. 그렇게 나는 평생학습을 실천하는 관리소장으로 성장해 가고 있다.

종종 자신이 가진 능력으로 입사한 회사에서 그 능력이 소진되어 결국 무능력자가 되는 경우를 본다. 이런 회사는 인풋도 피드백도 없는 곳이다. 반면, 부족한 능력으로 시작했더라도 기술 변화와 세대 간 공감 능력, 창의력을 키워주는 교육과 문화 풍토가 있는 회사는 구성원의 잠재력을 무한히 키워주는 시스템을 갖고 있다. 주택관리사 자격증은 있었지만, 관리능력은 제로였던 나에게 우리Genie, WINE 등 우리관리의 다양한 프로그램은 관리의 노하우를 공유하고, 학습하고, 재활용할 수 있는 길을 열어주었다. 이처럼 키움의 문화를 가진 회사가 바로 우리관리라고 자부한다.

우리관리소장이 되었지만, 아직 '전문가'라는 타이틀이 어색하게 느껴지던 나는, 2024년 민간자격인 집합건물관리사 자격증을 취득했다. 내가 근무하는 곳은 아파트와 오피스텔이 함께 있는 복합단지로, 이를 공동으로 관리하는 소장으로서의 역량을 보완하고자 했다. 이 자격 취득을 통해 집합건물의 소유와 관리에 관한 법률을 체계적으로 배우는 기회를 가질 수 있었고, 실제 업무에도 큰 도움이 되었다. 2024년부터는 집합건물진흥원의 충청남도 관리위원장과 상임위원으로도 위촉되어 활동 중이다. 이어 2025년에는 국가기술자격인 산업안전기사 자격증을 취득하여 중대재해처벌법과 위험성 평가 등에 관한 직원 교육자료를 자체 제작할 수 있게 되었고, 현재는 건설안전기사, 건축설비기사, 기계경비지도사 자격시험을 준비하고 있다. 7년간 평생학습을 실천하며 수많은 자격증을 취득해 왔기에, 이제는 공부를 멈춰도 되지 않을까 하는 유혹도 있지만 일단은 지속하고 싶다.

돌아보면, 나는 우리관리소장으로서 입주민들에게 다양한 서비스를 제공하고, 공동체 활성화와 문화 행사를 개최하여 큰 호응을 얻기도 했다. 입주민들과 입주자대표회의와 함께한 노력의 결실을 정리해서 성과를 하나씩 알리기 시작했다. 그 결과, 2023년 주거복지문화대상 단체 우수상과 2024년 개인 우수상, 2023년 우리관리 관리서비스 개선 경진대회 우수상, 2024년 천안시 시정발전 개인 공로상, 2024년 아산시 평생학습인상 등 여러 단체로부터 상을 받는 기쁨도 누릴 수 있었다.

여기에 더해 단지 내 소방과 화재 예방 관련 업무를 철저히 수행하고, 세대 소방시설 점검을 100% 실천한 결과, 전국 최초로 'SAFE 공동주택' 인증을 받았으며, 해당 업무를 맡아 탁월한 능력을 보여준 직원은 소방서장 표창을 받기도 했다.

　우리관리소장이기에 현실에 안주하지 않았고, 직원들과 입주민들과 함께 새로운 문화와 변화를 만들어 가기 위해 더욱 노력하고자 한다. 앞으로도 최고의 주택관리사가 되기 위해 자기 계발을 멈추지 않고, 입주민들의 재산과 안전을 지키는 한편, 평생 학습인으로서의 삶도 지속해 나갈 것이다.

14

7기 연수팀, 일본연수를 마치며

박영숙
관리소장

    2024년 새해가 밝았다. 가족, 동료, 지인들과 덕담을 주고받던 어느 날, 본사에서 업무연락이 내려왔다. '제15회 관리서비스 개선 경진대회' 사례 제출 요청이었다.

    우리관리소장이라면 2년에 1번 이상 꼭 참가해야 하는 중요한 행사 중 하나인 이 대회는 누군가에게는 부담일 수도 있지만, 내가 관리하고 있는 사업장의 이모저모를 마음껏 자랑할 수 있는 기회이기도 하다.

    신규 사업장을 맡은 지도 어느덧 2년 8개월. 임대 아파트라는 편견을 깨고 지역의 랜드마

크로 만들겠다는 각오로 입주민과 임대사업자 모두를 만족시키기 위해 최선을 다해왔다. 다양한 상황 속에서 해결책을 모색하며 때로는 시행착오를 겪기도 했지만, 그 모든 과정이 값진 경험이 되고 성과가 되어 차곡차곡 쌓이고 있었다. 무엇보다 우리 구성원들의 하나 된 팀워크와 종합관리를 실천하고 있는 모습들을 멋지게 정리할 차례였다. '본선 진출을 못 하더라도 의미 있는 자료가 될 거야!'라는 생각으로 준비를 시작했다.

단지를 재정비하며 구성원들의 사기를 끌어 올리는 기회로 삼았고, 공공지원 민간임대주택 특성에 맞는 다양한 주거서비스와 협업 사례를 정리했다. 그 결과, 본선 진출에 성공! 본선 무대에 설 10인의 발표자 중 한 명으로 선정되었다는 소식에 기쁨과 동시에 긴장감이 밀려왔다. 발표를 앞두고 1,400여 개 사업장의 관리소장 및 관리직원들, 그리고 본사 임직원들이 내 발표를 지켜볼 거라는 생각에 부담도 컸지만, 본사 스튜디오의 아늑한 분위기와 촬영팀의 따뜻한 응원 덕에 NG 없이 무사히 마칠 수 있었다. 그리고 그 노력의 결실로 당당히 최우수상의 영예를 안았다.

수상 직후 동료들의 축하 메시지가 쏟아졌다. 쑥스럽기도 했지만 든든한 우리 직원들과 함께였기에 더욱 뿌듯하고 기뻤다. 무엇보다 이 상이 단순한 개인의 성취가 아니라 우리 단지의 모든 구성원이 함께 일군 결과라는 점에서 의미가 깊었다.

최우수상의 가장 큰 특전은? 바로 일본 해외연수!

역대 최다 최우수 수상자가 배출된 이번 대회 수상자 5명과 회장님을 포함한 본사 임직원 4명이 한 팀이 되어 일본으로 떠나게 되었다. 3월의 푸르른 봄날, 우리는 '7기 연수팀'이라는 이름을 달고 김포공항을 출발해 하네다공항에 사뿐히 내려앉았다. 일본의 첫인상은 활기차고 정돈된 분위기였다. 게이큐 공항선을 타고 시나가와역에 도착해, 도심 한가운데 위치한 호텔에 짐을 맡긴 후 인근 일식당에서 첫 식사를 했다. 마침 그날이 일본의 공휴일인 춘분이라 기모노를 차려입은 손님들이 곳곳에 보여 일본 특유의 정취를 한껏 느낄 수 있었다.

이튿날 방문한 곳은 일본의 대표적인 맨션 종합 관리회사 '미쓰이부동산레지덴셜서비스' 본사였다. 이곳의 관리 방식과 지향점을 설명 들으며 가장 인상 깊었던 점은 고령화 사회에 대응하기 위한 '치매 가이드북' 발간이었다. 일본은 이미 초고령 사회로 접어든 만큼, 거주민의 연령대에 맞춘 맞춤형 관리 서비스가 필수적이었다. 우리나라도 머지않아 같은 문제에 직면할 것을 생각하니, 관리 인력 부족 문제와 치매 예방 프로그램의 필요성이 절실하게 다가왔다.

이후 방문한 곳은 2,698세대 규모의 하루미 플래그와 1,076세대의 파크타워 하루미였다. 규모 면에서도 압도적이었지만, 더 놀라운 점은 우리나라보다 훨씬 적은 인력으로 완벽한 관리를 수행하고 있다는 점이었다. 그 비결은 본사 내 종합관제센터! 전화 상담 업무를 본사에서 일원화함으로써 현장 인력의 부담을 덜고, 보다 효율적으로 운영할 수 있도록 시스템을 구축하고 있었다.

미쓰이 측 직원들은 본사와 사업장 견학 과정 내내 우리 연수팀을 밀착 수행했다. 단순한 방문자 접객을 넘어 각별한 예우를 받는다는 기분이 들게 할 만큼 그들은 친절하고 세심하게 우리를 챙겼다. K-드라마를 좋아한다던 미나코씨의 서툴고도 귀여운 한국말이 지금도 귓가에 선하다.

견학 일정은 무척 고되고 힘들었지만 그만큼 보상도 확실했다! 둘째 날 저녁, 호텔 라운지 바에서 도쿄타워 야경을 바라보며 회장님이 직접 만들어 주신 하이볼 한 잔. 그 순간, 모든 피로가 사라지는 듯했다. 한껏 여유로운 분위기 속에서 동료들과 대화를 나누며 연수의 의미를 되새겼다.

관리서비스 개선 경진대회는 단순히 수상을 하는 것에서 그치는 것이 아니라, 나와 우리 단지가 함께 성장할 수 있는 소중한 계기였다. 또한, 일본의 선진 관리 시스템을 직접 보고 배우는 값진 경험이기도 했다. 이 경험을 바탕으로 더 나은 관리 서비스를 고민하고, 이를 실제로 개선해 나감으로써 입주민들로부터 더욱 신뢰받는 관리소장이 되고자 다짐하며…

　우리관리소장이라면, 망설이지 말고 도전하길 강력 추천한다! 시야를 넓히고, 더 나은 관리를 위한 영감을 얻을 기회는 스스로 만드는 법이니까.

관리서비스 개선 경진대회

2025, 제7기 우수관리소장 해외연수

Ⅳ 관리소장 역량강화

**체계적인 교육과 지식 공유를 통해
전문성을 갖춘 관리소장으로 성장할 수 있습니다.**

우리관리는 모범적인 관리문화와 지속 가능한 관리품질을 위해 온·오프라인 맞춤형 교육 프로그램을 운영하고 있으며, 관리소장 간 우수사례 공유, 해외사례 답사를 통해 관리소장의 전문성을 강화하고 있습니다.

1 우리ON

사내 온라인 교육 플랫폼 '우리ON'을 통해 직무·실무 교육, 사례 공유, 사내 뉴스 등 다양한 학습 콘텐츠를 제공합니다. 관리소장은 시간과 장소에 제약 없이 온라인 콘텐츠를 활용하여 관리 역량을 강화할 수 있습니다.

온라인 교육뿐만 아니라 오프라인 맞춤형 아카데미도 함께 운영 하여 실무 교육을 지원하며, 전문 CS 강사가 현장을 직접 찾아가 고객 응대와 소통 역량을 키울 수 있도록 돕고 있습니다.

2 관리서비스 개선 경진대회

관리서비스 개선 경진대회는 서비스 품질 향상을 위한 혁신의 장입니다. 2010년 업계 최초로 도입된 이 대회는 효율적인 관리운영과 고객 감동 사례를 공유하며 선의의 경쟁을 펼치는 플랫폼으로 자리 잡았습니다.

관리소장들은 매년 다양한 우수사례를 나누며 함께 성장합니다. 관리비 절감, 공동체 활성화, 입주민 만족도 향상 등 삶의 질을 높이는 관리문화를 함께 만들어 가고 있습니다.

3 일본 해외연수

관리서비스 개선 경진대회에서 우수한 성과를 거둔 관리소장에게는 일본 해외연수의 기회가 주어집니다.

연수에서는 일본의 집합건물 및 맨션 관리 사례를 다양하게 살펴보고, 관련 현장을 직접 방문하여 일본의 집합건물 관리에 대한 이해를 넓힐 수 있습니다. 이를 통해 우리나라의 관리 현황과 비교·분석하며 새로운 시각을 가질 수 있습니다.

V 통합관리 IT 솔루션

통합된 IT 시스템으로 효율적이고 안정적인
관리업무를 수행할 수 있습니다.

집합건물 관리는 시설, 회계, 인사, 노무, 법규, 행정 등 폭넓은 지식이 요구되는 복합적인 업무입니다. 우리관리는 데이터와 IT 기술을 기반으로 관리 업무를 혁신하며, 효율성과 전문성을 지속적으로 높이고 있습니다. 관리소장의 전문성과 현장 업무의 효율성을 높이기 위해 체계적이고 통합된 시스템을 제공합니다.

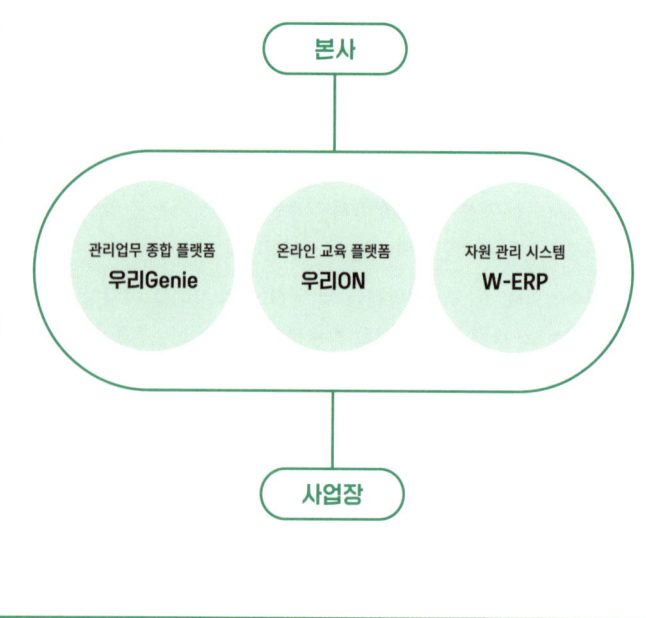

✱ 우리Genie

'우리Genie'를 통해 본사와 사업장 간의 원활한 소통은 물론, 업무 매뉴얼과 다양한 자료를 제공하고 있습니다. 또한 시기별 점검 사항과 보고 업무의 이행을 체계적으로 지원함으로써, 관리소장이 보다 스마트하고 효율적인 관리 업무를 수행하도록 돕습니다.

❶ **소통센터** 본사 - 사업장 간 원활한 커뮤니케이션 및 실시간 정보 공유 지원

❷ **업무센터** 표준 업무 핸드북, 실무 가이드, 관리 캘린더로 관리 운영 최적화

❸ **자료센터** 업무에 필요한 자료 통합 제공 및 법령·사내 규정 열람 지원

15

나는 영원한 우리관리소장!

한미경
관리소장

　어느 시골 마을에서 십 남매 중 다섯째 딸로 태어났다. 어린 시절에는 부모님과 선생님의 말씀을 잘 따르는 모범적인 아이였다. 사회생활은 일반 사무직으로 시작했지만, 여성이라는 이유만으로 차별을 겪으면서 단지 성실함만으로는 한계를 넘기 어렵다는 현실을 깨달았다. 결국 실력을 갖추는 것만이 차별을 극복할 수 있는 길임을 느끼고, 공부를 시작하여 자동화기기 제작 회사의 설계실에서 CAD 프로그램을 다루는 전문직으로 전향했다.

　나는 늘 10년, 20년 후를 준비하며 살아왔다.

그런 성향 덕분에 50~60대에도 설계사로 일하는 데 한계가 있을 것으로 판단했고, 자연스럽게 제2의 직업을 고민하게 되었다. 그 무렵 아파트 관리소장을 하는 지인으로부터 관리소장을 하면 잘할 것 같다는 이야기를 들었다. 이 직업에 대해 알아보니 무엇보다 관리소장은 '정년'이 없다는 점이 가장 큰 매력으로 다가왔다. 그렇게 주택관리사 공부를 시작했고, 공부하는 내내 주변의 응원과 격려를 받으며 주택관리사를 취득했다.

2014년 2월, 수원의 한 아파트에 경리 겸직 소장으로 첫 발령을 받으며 관리소장으로서의 일을 시작했다. 우리관리는 관리하는 사업장 수가 많아서 지역별로 소장 간의 네트워크가 잘 구축되어 있으며, 이를 통해 서로 정보를 공유하고 도움을 주고받는 문화가 자연스럽게 형성되어 있다. 나 또한 그 네트워크 속에서 기회를 얻어 분회 총무와 협의회 총무를 맡아 활동했고, 그 과정에서 많은 것을 배우고 성장할 수 있었다. 이러한 경험은 내게 큰 자산이 되었으며, 지금도 그 기회를 열어주신 분들께 감사한 마음을 가지고 있다.

'잘하자. 우리관리! 알리자. 우리관리!'

우리관리는 해마다 새해가 되면 그 해의 흐름에 맞는 슬로건을 내걸며, 조직의 방향성과 마음가짐을 함께 나눈다. 그 문화는 언제나 직원들에게 따뜻한 희망과 목표를 전해주었고, 나에게도 깊은 울림으로 다가왔다. 어느새 나도 매년 슬로건을 기다리는 마음이 생겼고, 슬로건에 담긴 뜻을 마음에 새기며 하루하루 성실히 일하다 보면 어느 순간 새로운 성과들이 쌓여 있는 걸 느끼게 된다.

나는 우리Genie, 우리ON 등 우리관리의 체계적인 시스템과 풍부한 자료 덕분에 많은 도움을 받으며, 일 잘하는 관리소장으로 자리 잡을 수 있었다. 새로운 단지에 부임했을 때도 대부분 2주에서 한 달 이내에 신뢰를 얻을 수 있었는데, 비결은 간단하다. 우리관리의 방대한 자료를 적극적으로 활용하는 것과 그 안에서의 홍보 그리고 모범을 보이는 거였다. 어떠한 경우도 지치지 않는 나만의 특별한 노하우가 있다. 생활 속에 한시도 방심하지 않고 정성을 쏟는다. 그리고 모색한다. 더 좋은 방안을. 아이디어가 무궁무진하다. 할 일도 많고 하고 싶은 것도 많다.

'긍정적인 마인드로 이왕 하는 것 열심히 하자, 그리고 즐겁게 하자.'

봉사활동도 열심히 하고 있지만, 언제나 단지 관리가 우선이라는 중심을 잃지 않으려 한다. 변화와 안정을 함께 추구하며, 다음 다섯 가지 원칙을 지키려 노력하고 있다.

첫째, 가장 중요한 것은 함께 근무하는 직원들의 마음을 읽는 것이다. 공감하고 함께 하면 어려운 일도 가능하다는 것을 느낀다.

둘째, 단지를 관리할 때, 주민의 마음으로 바라보고 실천한다.

셋째, 말보다 먼저 몸소 행동으로 실천한다.

넷째, 주간, 월간, 연간 계획을 세워 끊이지 않게 이어갈 수 있도록 직원들과 함께한다. 작은 계획이라도 하나씩 하나씩 꼭 실천한다.

다섯째, 나 자신을 성장시키기 위한 노력을 놓지 않는다.

지금처럼 봉사활동도 단지 관리도 편안하게 할 수 있는 것은 먼저 가족이 나를 이해해 주고 도와주고 있기에 가능한 일이다. 또한 이 자리에 있기까지 물심양면으로 함께해 주신 많은 지인분이 있었기에 가능한 일이며, 감사하는 마음으로 어떤 경우에도 초심을 잃지 않고 정도를 지키며 변화 속 발전하는 사회와 내 삶이 되도록 걸어갈 것이다.

10년이 넘는 시간 동안 우리관리에 몸담으며 모범상과 수주공로상을 비롯해 여러 차례 상을 받기도 했지만, 가장 큰 보람은 좋은 사람들과 함께하며 나의 일을 즐겁게 이어올 수 있었다는 데 있다. 특히 우리관리의 운영 철학은 내가 관리소장으로 성장하는 데 긍정적인 영향을 주었고, 그 가치를 마음에 새기며 묵묵히 나의 길을 걸어가고자 한다. 앞으로도 우리관리와 주택관리사의 발전을 위한 역할에 작은 힘이나마 도움이 되고 싶다.

폭삭 속았수다!*

최용수
관리소장

나는 우리관리 공채 8기 관리소장이며, 현재는 본부협의회장을 맡아 4년째 활동하고 있다. 2012년 1월, 우리관리 소속으로 첫 발령을 받은 이후 어느덧 14년 차에 접어들었다. 나이 쉰여섯. 공동주택 업계에 몸담은 지 이제 30년이 되어간다. 그 긴 시간 동안 단 6개월 정도의 공백을 제외하곤 한결같이 이 길을 걸어왔다. 다가오는 2025년 9월이면, 만 30년이라는 시간의 이정표를 세우게 된다.

*제주도 방언: 매우 수고하셨습니다!

나의 고향은 대전이다. 고등학교를 졸업하고 일반 사무직으로 사회생활을 시작했지만, 잠시 쉬던 어느 날 우연히 교차로 주간지를 펼쳐보다가 '삼정하이츠 관리사무소'의 구인 공고를 발견하게 되었다. 그 시절은 아직 타자기를 쓰던 시대였고, 관리사무소라는 공간도 나에겐 낯설기만 했다. 그럼에도 용기를 내어 지원했고, 8명 중 내가 최종 합격했다는 이야기를 입사 후에 들었다. 그렇게 시작된 첫 관리사무소. 스물두 살의 나에게는 모든 것이 낯설고 새로웠지만, 그 시간은 내가 앞으로 걸어가게 될 길을 조용히, 그러나 단단하게 열어주고 있었다.

1993년, 결혼과 함께 경기도 군포에 신혼살림을 차렸다. 스물두 살이라는 어린 나이에 어머니를 갑작스레 여의고, 마음속에 깊은 공백을 안은 채 살아가던 나는 결혼이라는 새로운 시작이 조금은 편안한 삶이길 기대했는지도 모른다. 그 당시엔 모든 것이 낯설었고, 아는 사람 하나 없는 도시에서 다시 일터를 찾기 위해 전화번호부 뒷장을 뒤적이며 관리사무소에 직접 전화를 걸었다. "여직원 필요하신가요?" 하고 물어보던 1995년 8월의 어느 날, 큰아이는 막 돌을 지났던 시기였다. 그렇게 다시 시작한 경력은 군포의 한 아파트 경리직이었고, 9월 1일부터 일터에 복귀하게 되었다. 당시 위탁관리회사는 현대종합관리였는데, 그곳에서 책임감과 성실함을 인정받아 본사로부터 표창도 받았다.

경리로 일하던 중 딸을 출산했고, 한 달도 채 지나지 않아 출근해야 했던 시절도 있었다. 그때 "최 주임 없으면 안 돼."라고 말해 주시던 입주자대표회의 회장님의 격려는, 힘겨운 나날 속에서도 나를 일으켜 세워 주는 큰 힘이었다. 나를 진심으로 아껴 주셨던 그 따뜻한 마음은 지금도 잊을 수 없다. 오랜 시간 경리로 일하면서, 언젠가 '관리소장'이라는 이름표를 달고 싶다는 목표가 생겼다. 가사와 직장을 병행하며 틈틈이 공부했고, 2011년 제14회 주택관리사 시험에 합격했다. 그리고 2012년 1월, 드디어 관리소장으로 첫 부임을 하게 되었다.

처음 맡은 곳은 299세대 규모의 아파트였다. 입주 7년 차였지만, 그동안 10명이 넘는 소장이 바뀔 만큼 운영이 쉽지 않은 단지였다. 입주자대표회의 회장은 아파트에 대한 애정이 깊은 분이셨고, 덕분에 나도 긴장의 끈을 놓을 수 없었다. 그 단지에서 나는 두 번의 위탁관리 재계약을 성공적으로 이끌어냈다. 2013년 첫 재계약 때는 기존 2년 계약을 3년으로 연장할 수 있었고, 그날의 뿌듯함은 지금도 선명하다. 이것이 나의 첫 번째 '폭삭 속았수다'였다. 2016년 두 번째 재계약 당시에는 계약서의 불리한 세부 조항 일부를 조정하면서 신뢰를 다시금 확인받을 수 있었다. 그 또한 내게는 두 번째 '폭삭 속았수다'였다.

이후 나는 의왕의 541세대 아파트로 자리를 옮기게 되었다. 그곳에서의 시간은 나에게 '르네상스'와도 같은 시기였다. 여러 차례 모범상을 받았고, 위탁관리 재계약 당시 수수료를 10% 인상하며 다시 한번 성과를 이끌어냈다. 그 성취는 나의 세 번째 '폭삭 속았수다'였다. 무엇보다도 그 단지는 사람들의 따뜻함이 가득한, 행복한 곳이었다.

네 번째 '폭삭 속았수다'는 광교의 1,200세대 대단지에서 시작됐다. 부임하기 하루 전, 입주자대표회의를 참관했다. 당시 입주자대표회의 구성원 14명 중 10명이 회의에 참석했고, 위탁관리 재계약 안건을 의결할 때는 2명이 자리를 비운 상태였다. 이 회의는 입주민들이 세대 내에서 실시간으로 시청할 수 있었는데, 입주자대표회의를 지켜본 일부 입주민들은 '무효'라며 수원시에 민원을 제기했다. 첫 출근부터 위기였다. 나는 동대표 한 분 한 분께 정중히 전화를 걸어 상황을 설명하고, 간절히 부탁드렸다. 그 결과, 출근한 지 닷새 만에 긴급 임시회의가 열렸고, 동대표 10명이 모두 참석해 만장일치로 재계약이 통과되었다. 그 순간의 감격은 지금도 선명히 기억난다.

그 단지에서는 참 많은 일들을 겪었다. 입주민의 안전을 위해 인조석 기둥 8개와 상판을 철거하고 보도블록으로 마감했다. 단지 입구부터 시야가 확 트이며 큰 호응을 얻었다. 한 번은 태풍 피해로 나무 130여 그루가 쓰러졌다. 주말 내내 직원들과 함께 줄로 나무를 일으켜 세우며 복구 작업을 했고, 이후 대부분 나무가 자리를 잘 잡았다. 또한, 공동주택관리법과 관리규약을 수시로 읽으며 민원과 현장 상황에 하나하나 대응했다. 그 모든 과정이 내게는 귀한 공부였고, 현장에서 쌓인 내공이었다. 무엇보다, 그 곁에 함께해 준 직원들이 있었기에 더욱 따뜻하고 소중했다.

지금은 화성의 한 단지에서 5년째 근무 중이다. 3년 전 위탁관리 재계약 당시, 수수료 단가를 40% 인상하며 큰 성과를 이루었다. 그것이 나의 다섯 번째 '폭삭 속았수다'였다. 올해 8월이면 다시 재계약 시점을 맞게 된다. 아마도 4월이나 5월쯤 재계약 안건이 상정될 텐데, 나는 여섯 번째 '폭삭 속았수다'를 기대하며 또 한 걸음을 준비하고 있다.

30년이라는 시간을 돌아보면, 내가 다시 계약을 이끌고 수수료 인상을 실현할 수 있었던 이유는 단 하나였다. 바로 사람을 진심으로 대하는 태도였다. 나는 우리관리에서 일하며 성장했고, 지금도 우리관리소장이라는 사실이 무척 뿌듯하고 자랑스럽다. 그리고 이 모든 길 위에서, 나도 한 가정의 엄마이자 아내로서 함께 걸어왔다. 세월이 흐르는 사이, 아들은 서른두 살의 직장인으로, 딸은 스물아홉의 프로젝트 전문가로 성장했다. 한국과 베트남을 오가며 바쁘게 일하고 있는 딸이 올해 12월 결혼을 앞두고 있다. 딸이 대학에 입학할 당시, 나도 방송통신대 법학과에 입학하여 4년 만에 졸업했는데, 그러고 보니 나랑 딸은 같은 학번이다. 그 모습을 바라보며, '그 시절, 그 선택들'이 지금의 우리 가족을 만들었구나 하는 마음에 가슴이 뭉클해진다. 그래서 나는 오늘도, 그리고 앞으로도 이렇게 말하고 싶다.

'최용수, 폭삭 속았수다!'

그 안에는 수고한 날들과, 함께했던 사람들, 그리고 내가 걸어온 길에 대한 깊은 애정이 담겨 있다.

⑰ 작은 변화가 만든 큰 기적

고문정
관리소장

나는 공동주택 종합관리 1위 기업인 우리관리의 공채 9기로 합격하며 아파트 관리소장으로서의 길을 시작했다.

단지 면접 전, 우리관리 본사 본부장님께서 해주신 말씀이 아직도 기억에 남는다. "1%의 면접 기회가 있는데, 면접 보는 것도 교육입니다." 아파트 관리에 대한 경험이 없었던 나에게 이 말은 큰 격려이자 책임감을 안겨주었다. 나는 '연습은 실천처럼'이라는 마음가짐으로 면접 전 3일간 실제 단지를 방문해 세세하게 살펴보며 주변 환경까지 조사했다. '만약 내가 이 단지의 소장이 된다면, 입주민에게 감동을 주는 최고의 관리 서비스를 제공하겠다.'라는 목표를 세우고, 개선 방안과 나만의 차별화된 관리 전략을 구체적으로 준비했다. 면접 당일, 동대표, 선거관리위원장, 노인회장 등 여러 입주민과의 면접 자리에서 나는 '살고 싶은 아파트'로 바꾸겠다는 진심을 담아 준비한 내용을 설명했고, 면접관들은 나의 진정성과 열정에 박수를 보내주셨다. 철저한 사전 준비와 입주민 감동 서비스를 목표로 한 계획이 좋은 평가를 받으며 관리소장으로 임명되었다.

첫 출근 후, 단지를 살펴보니 20년이 넘는 세월 동안 쌓인 여러 가지 관리 문제로 신뢰를 잃은 상태였고, 곳곳에 갈등과 불협화음이 자리하고 있었다. 노인정과 부녀회 갈등, 노인정의 입주자대표회의와 관리사무소 간섭, 젊은 세대와 어르신들 간의 단절, 커뮤니티 공간의 부재, 주변 단지와 비교해 열악한 직원 처우 등 문제가 복합적으로 얽혀 있었다. 이런 상황에서 나는 '갈등에서 소통으로', '떠나고 싶은 아파트에서 살고 싶은 아파트로', '근무하고 싶은 일터로'의 변화를 만들어 내야 했다.

가장 먼저 회계의 투명성을 높였다. 모든 운영비를 체크카드로 집행하고, 업무 내용을 공개하며 계약서, 회의록, 입찰서류 등을 체계적으로 문서화했다. 시설물은 매뉴얼에 따라 정기적으로 점검하고, 노후화된 부분은 즉시 개선했다. 재난 대비 체계를 구축했고, 예방관리에도 힘썼다. 민원 처리에 있어서는 모든 입주민을 동등하게 바라보고, 사전 민원 방지와 맞춤형 서비스를 실천했다.

그 결과, 2014년 서울시 아파트 관리 실태 조사에서 긍정적인 평가를 받았다. 입주민의 신뢰가 조금씩 회복되기 시작했고, 삭막했던 단지 분위기에도 변화가 생겼다. 20년 동안의 불신이 점차 사라지는 게 느껴졌다. 이후에도 노력은 계속되었다. 관리비 항목을 자세히 분석해 공용전기 과다 지출 문제를 파악했다. 구청과 한전의 지원을 받아 지하 주차장과 복도·계단 등을 센서형 고효율 LED로 교체하고, 아파트 전기요금 산정은 종합계약에서 단일계약으로 전환하여 공용전기료를 약 80% 절감하는 성과를 이뤘다. 환경 개선, 음식물 쓰레기 감축, 에너지 절약 등 공모사업 지원으로 관리비 절감을 실현했고, 이러한 성과로 자연스럽게 경비원·미화원의 임금 인상도 가능해졌다.

입주민 간 소통이 단절된 상황도 그냥 두지 않았다. 공동체 활성화 공모사업에 지원해 북카페와 탁구장, 쉼터 등 소통 공간을 마련했다. 다양한 커뮤니티 프로그램을 운영하니 묵은 갈등이 완화되고, 오해가 풀리기 시작했다. '살기 좋은 행복한 아파트'로의 변화는 주변 단지에서도 부러움의 대상이 되었다. 이러한 노력은 하나둘 결실로 이어졌다. 2016년 서울시 공동체활성화 우수사례 아파트 선정, 2017년 국토교통부 전국 공동주택 우수 관리단지 선정과 서울시 최우수 모범단지 선정 등 다양한 성과로 이어졌다. 이 모든 변화는 입주민들의 긍정적인 인식 전환으로 이어졌고, 관리주체에 대한 신뢰 회복으로 나타났다.

내가 이룬 변화는 거창하거나 특별한 기술에서 비롯된 것이 아니다. 그저 입주민 한 분 한 분의 이야기에 귀 기울이며, 아주 작은 부분부터 진심으로 실천했을 뿐이다. 직원들과 함께 공감대를 형성하며 쌓아온 신뢰는 입주민들의 칭찬과 격려로 이어졌고, 그 말 한마디가 직원 모두의 원동력이 되었다. 그렇게 우리는 더 열심히, 더 진심으로 일할 수 있었다.

나는 관리소장으로서 단지의 일상적인 관리에 그치지 않고, 전문성을 갖춘 관리자가 되기 위해 꾸준히 노력해 왔다. 우리관리의 직무교육, 워크숍, 안전교육, 현장 간담회 등에 지속해서 참여하며 역량을 쌓아왔고, 이러한 체계적인 교육 시스템은 나의 성장을 이끄는 든든한 발판이 되었다. 다양한 현장 경험과 더불어 실질적인 역량을 강화하는 데 큰 도움이 되었으며, 우리관리라는 든든한 버팀목이 있었기에 어떤 어려움 앞에서도 포기하지 않고 최선을 다할 수 있었다. 그 과정에서 나는 스스로 자부심을 느끼는 당당하고 멋진 소장으로 성장할 수 있었다. 다양한 경험과 경력을 쌓으며 한 단계씩 성장해 온 나는, 그동안의 노력을 인정받아 '2024년 관리서비스 개선 경진대회'에서 대상이라는 값진 성과를 이루었다. 부상으로 주어진 일본 해외연수를 통해 선진 주거 관리 시스템을 직접 체험하며 더 넓은 시야를 갖게 되었고, 이는 나에게 있어 새로운 도전이자 도약의 기회가 되었다. 해외연수는 관리소장으로서 한층 더 성장하고 발전하는 특별한 계기가 되었다.

6년 3개월 동안 한 가족처럼 지냈던 입주민들과 따뜻한 작별을 뒤로하고, 현재는 새로운 단지에서 한 단계 더 성장하고 있다. 언제나 초심을 잃지 않고, 입주민 한 분 한 분을 소중히 여기며, 차별화된 관리 서비스를 통해 행복한 주거문화를 만드는 데 이바지하겠다는 다짐은 지금도 변함이 없다.

18

가을밤 더 빛난 우리

조유주
관리소장

"소장님, 코로나도 끝났는데 입주민들이 함께 할 수 있는 행사 한번 진행해 보시는 거 어때요?"

입주자대표회의 안건 의결이 마무리되는 시점에 회장님이 한마디 던지셨다. 아파트에 대해 아무런 지식도 없는 상태에서 안정적인 일을 찾아보다가 경리 업무를 시작했고, 관리소장이라는 직업의 전문성 그리고 다른 직업과 비교해 상대적으로 오래 일할 수 있다는 매력에 빠져, 낮에는 일하고 밤에는 잠을 줄여 가며 주택관리사 시험 공부에 매진한 끝에 지금의 자리에 설 수 있었다. 그럼에도 그 한마디에 가장 먼저 느낀 감정은 막

막함이었다.

  집합건물 종합관리 1위 기업, 우리관리 공개채용 과정을 거쳐 본사 매니저로 경험을 쌓고, 힘들다는 입주 단지에서 현장 업무까지 경험했지만, 코로나19 상황이 지속된 탓에 입주민 간 친목을 도모하는 대규모 행사는 경험이 전혀 없었다. 부담이 많이 되긴 했지만 '피할 수 없으면 즐기라'는 말을 되새기며 차근차근 행사 준비를 시작했다.

  입주민들이 가장 희망하는 이벤트가 무엇인지 의견을 모으는 것이 첫 단계였다. 가깝게는 작은 도서관에서 봉사하고 계신 도서관장님과 봉사자분들, 그리고 입주민 등록이나 주차 차량 등록 등으로 관리사무소를 방문하시는 분들과 자연스럽게 대화를 나누며 의견을 들었다. 그 결과, 아이들이 즐겁게 참여할 수 있는 행사와 피부에 와닿는 실용적인 이벤트가 필요하다는 점을 파악할 수 있었다. 선호도 높은 테마를 파악한 후, 다음 단계로는 인근 단지에서 진행된 유사한 행사를 벤치마킹하고, 관련 전문 업체들의 행사 운영 및 관리 역량을 살펴보는 것이 중요하다고 판단했다. 이를 위해 공동주택관리정보시스템(K-APT)에 등록된 입찰공고문을 참고해 행사 업체들에 대한 자료도 차곡차곡 모아 나갔다.

  이 과정을 거쳐 행사 프로그램은 어린이들이 즐길 수 있는 페이스 페인팅과 무료 간식 쿠폰 배포, 실용적인 칼갈이 서비스 행사, 그리고 모든 연령대가 함께할 수 있는 입주민 장기 자랑과 가벼운 야외 주점으로 정했다. 또한 전국적으로 사업을 운영하는 일정 규모 이상의 업체 목록도 자체적으로 정리했다. 기획 단계가 어느 정도 마무리되자, 이제는 직접 업체들과 소통하며 행사에 드는 예산 규모, 무상 또는 저렴한 비용으로 제공받을 수 있는 부가 서비스, 행사 관리에 필요한 안전 요원 확보 등 실제 운영 단계에서 고려해야 할 점을 정리했다.

단지 내 업무만으로도 바쁜 상황이었지만, 한번 시작하면 끝을 봐야 직성이 풀리는 성격 덕분에 다가오는 입주자대표회의에 맞춰 입찰 공고의 종류, 참가 자격 제한, 낙찰 방식 등을 일목요연하게 정리하여 회의자료를 준비했다. 더불어 업체별 특징과 장단점을 정리한 부가 자료도 함께 제출했다. 관리주체로서 안건 상정 전까지의 과정을 충실히 밟아온 덕분에, 입주자대표회의에서 전원 일치된 의견으로 원안 수정 없이 의결되었고, K-APT 입찰 공고와 업체 선정까지도 순조롭게 진행되었다. 그렇게 열심히 준비하다 보니 어느덧 행사일이 다가왔고, 늘 든든한 우리관리 영업 본부장님의 팝콘 제조기 무상 지원까지 예정된 시간에 도착하면서, 나의 첫 입주민 행사는 힘차게 시작되었다.

입주민의 적극적인 참여를 끌어내기 위해, 행사 시기에 어울리는 디자인을 직접 고민해 감성적인 문구와 함께 행사 일시를 눈에 띄게 강조한 홍보물을 만들어 각 동 게시판과 승강기에 부착했다. 그 덕분인지 오전부터 행사 부스는 활기를 띠었고, 긴장으로 얼어붙었던 내 마음도 서서히 녹기 시작했다. 처음 부임하여 어디 하나 내 발길이 닿지 않은 곳이 없었지만, 이렇게 생동감 넘치는 단지를 바라보며 노력이 헛되지 않았고, 그만큼 가치 있는 일이었다는 것을 온몸으로 느꼈다. 그동안 행사 준비로 쌓인 피로마저 따뜻한 봄날의 눈처럼 스르르 녹아내렸다.

이윽고, 행사 일정의 클라이맥스인 입주민 장기 자랑과 경품 추첨 행사의 문을 여는 입주자대표회의 회장님의 축사 시간이 다가왔다. 회장님께서도 열기로 가득 찬 단지 분위기에 한껏 들뜨신 채 "앞으로도 이런 자리를 자주 마련하겠습니다."라는 약속과 함께, "행사 준비로 고생 많으셨던 관리소장님을 소개합니다."라는 말로 예정에 없던 무대 진행의 바통을 내게 넘기셨다. 행사에 참여한 입주민들의 수많은 시선이 오롯이 나에게 집중되었을 때, 가슴 벅찬 감동은 말로 다 표현할 수 없었다. 짧은 순간 어떤 말을 전해야 할지 고민했지만, 이내 평소 내가 마음에 품고 있던 소신을 또박또박, 힘 있게 전했다.

"관리소장입니다. 앞으로도 입주민 여러분이 일상에 지친 삶을 가장 편하고 안전하게 재충전할 수 있는 주거 공간으로 만들어 나가겠습니다. 우리관리의 명품 관리로 보답하겠습니다."

이내 행사장은 우렁찬 박수로 가득 찼고, 입주자대표회의 회장님을 비롯해 감사님, 이사님들께서도 엄지를 치켜들어 주셨다. 행사가 끝나고 입주민들이 하나둘 집으로 돌아간 후, 관리사무소 직원들과 함께 단지 곳곳에 남겨진 행사의 흔적들을 정리하며 마무리했다. 하루 종일 들려왔던 입주민들의 웃음소리와 박수 소리가 귓가에 맴돌았다. '관리소장이 되길 잘했다.' 생각하며, 오늘의 감동을 잊지 않고, 앞으로도 입주민 여러분께 더 나은 주거환경을 제공하는 관리소장이 되겠다고 다짐했다. 나의 성장은 우리관리와 함께 계속될 것이다.

VI 우리관리 네트워크

국내 최다 사업장 관리 경험과 업계 최고역량

1,400여 개 사업장과 9개 관계사를 아우르는 우리관리 종합관리 인프라를 통해, 풍부한 노하우와 체계적인 시스템의 혜택을 누릴 수 있습니다.

사업장 수
1,400+

관리 면적 ㎡
1억 1천만+

관리 세대/호
100만+

1천 세대/호 이상 사업장 수
280+

[2025년 5월 기준]

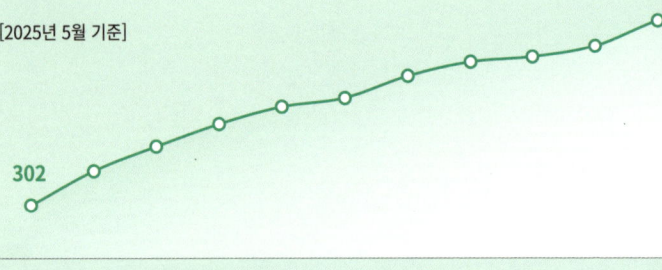

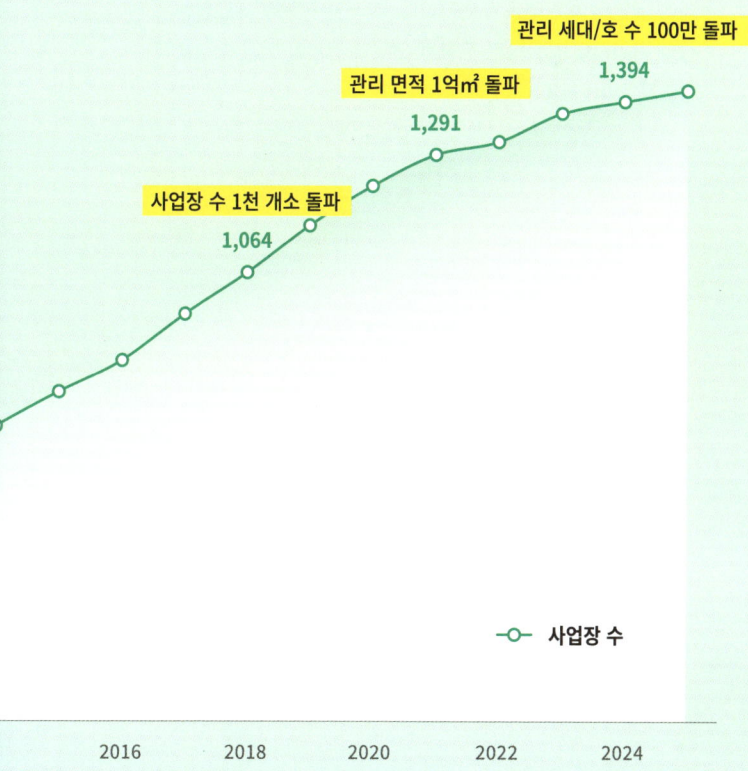

VI 우리관리 네트워크

1 1,400여 개 우리관리 사업장 네트워크

지역별, 직무별, 관리 특성별 협의체 및 분회 구성을 통해 체계적 멘토링 시스템을 구축합니다. 이러한 전략적 네트워킹은 상호 시너지를 창출하며 구성원 모두의 전문성 향상과 경쟁력 강화로 이어집니다.

2 본사 전문가 지원

본사 전문인력이 관리 현장을 위한 지원 체계를 구축하여 현장 운영을 뒷받침합니다. 이를 통해 전문적인 자문과 선제적 리스크 관리 시스템을 제공함으로써 사업장 운영 부담을 줄여 드립니다.

본사 전문인력 200여 명의 현장 지원 및 자문 서비스

안전보건기획팀	안전보건체계 구축, 산업재해 비상조치 매뉴얼 제공 및 교육
기술지원팀	기술자문 및 지원, 정기점검 및 지도
영업관리팀	회계인수 점검 및 지원, 회계사고 방지 및 투명성을 위한 점검
경영개선팀	업무 매뉴얼, 사인물, 규정, 공고문 등 표준양식 지원
법무팀	과태료 및 소송 법률 자문
HR팀	노무자문 및 상담, 예방 교육
CS팀	고객 응대력 및 커뮤니케이션 역량 강화
커뮤니티팀	커뮤니티시설 운영지원 및 자문

VI 우리관리 네트워크

3 종합관리 서비스

현장에서 필요한 보안/미화 서비스, 아파트ERP솔루션, 조경관리, 소방관리, 각종 시설 점검을 종합적으로 제공하고 있어 효율적인 업무처리가 가능합니다.

보안·미화·방재

조경관리·나무병원

우리레오 PMC

주택임대관리

보안·미화

시설물 점검·유지관리

MASTER

아파트ERP솔루션

HOME-master

아파트전산회계

 주생활연구소

리서치·컨설팅

신문

(인터뷰 3)

공동체와 함께 성장하는 관리소장

강수자 · 유영숙 관리소장

우리관리 네트워크가 키운 관리소장의 힘

인천 송도 지역에서 아파트 관리능력과 공동체 활성화 활동으로 높은 명성을 얻고 있는 유영숙 소장과 강수자 소장을 만났습니다.

두 분은 관리소장으로서 걸어온 여정과 함께, 아파트 공동체를 더 따뜻하게 만든 생생한 이야기를 들려주었습니다.

특히 이들은 탄소중립을 주제로 한 공동체 활성화 프로그램을 직접 기획하고 운영해, 환경부 장관상과 국무총리상을 받는 영예를 안기도 했는데요. 공동체 활성화 활동을 처음 시작하는 이들을 위한 현실적인 팁부터, 서로의 성장을 아낌없이 돕는 '우리관리소장 네트워크' 이야기까지, 두 관리소장의 진심 어린 경험담을 함께 나누었습니다.

우리관리에서 워낙 유명하신 유영숙 관리소장님과 강수자 관리소장님이신데요. 두 분은 어떻게 주택관리사라는 직업을 알게 되셨고, 관리소장이 되셨나요?

유영숙 지금은 꼬부랑 할머니가 되셨지만, 예전에 저희 시어머님은 부녀회장, 동대표 같은 아파트 일을 참 많이 하셨어요. 그 시절 저는 학원을 운영하느라 바쁘기도 했고, 아파트 일에는 크게 관심을 두지 않았죠. 그러다 IMF를 겪으며 하던 일을 정리하게 되었고, 공동주택관리업계에 발을 들이게 되었어요.

2000년도에 주택관리사 시험을 보고, 그 다음 해부터 일을 시작했는데, 그 당시만 해도 여자 관리소장은 정말 보기 드문 시절이었어요. 현장에 나가기까지 꽤 오랜 시간이 걸렸죠. 그때는 위탁관리 회사의 주택관리사 공개채용도 없던 시절이거든요. 그러던 어느 날, 제가 살고 있는 아파트의 직원분이 귀한 정보를 주셔서 관리소장 면접을 보러 갔는데, 그 자리에서 "여자가 어떻게 기술적인 걸 알겠어?"라는 말을 들었어요. 남자 동대표들보다 오히려 여자 동대표들이 더 부정적이었죠. 그런데 저는 생각해요. 여자 관리소장은 남자 관리소장이 보지 못하는 걸 볼 수 있다고요.

제가 처음 부임하자마자 제일 먼저 한 일은, 쓰레기장에 있는 쓰레기통을 전부 뒤엎어서 밑바닥까지 락스로 닦고 환경을 정리한 거였어요. 그렇게 냄새나던 공간이 반짝반짝 깨끗해지자, 저를 반대하시던 동대표분들도 어느 순간 마음을 열어주시더라고요. 그런 순간들이 아직도 참 생생하게 기억나요.

강수자 결혼 후, 플로리스트를 했었어요. 즐겁고 보람 있는 일이었지만, 안정적인 일을 찾고 싶었어요. 우연히 '주택관리사'라는 직업을 알게 되었고, 자격증 공부를 시작했어요. 그게 저에게는 인생의 전환점이었죠. 2010년에는 주택관리사 자격증을 취득했고, 우리관리 공채에도 합격했어요. 그렇게 인천 청라에 있는 260세대 입주 단지를 시작으로 이 일을 하게 되었죠. 규모가 작은 단지였지만, 관리소장 경험도 없는 제가 입주 단지를 잘 이끌 수 있을지 걱정하는 목소리도 있었어요. 본사의 담당 본부장님도 많이 고민하셨죠. 그래도 저는 자신 있고, 무조건 잘할 수 있다고 당당히 말씀드렸어요.

처음 맡게 될 단지가 너무 궁금해서, 준공도 되기 전, 아직 길도 닦이지 않은 현장을 찾아갔던 기억이 나요. 초소에 계시던 경비원님이 "누구신데 여길 들어가려 하세요?" 하시더라고요. 그래서 "여기에 부임할 관리소장인데, 너무 궁금해서 왔어요."라고 말씀드렸더니 웃으시면서 들여보내 주셨어요. 그렇게 설렘 반, 긴장 반으로 제 첫 현장이 시작됐습니다.

두 소장님은 공통으로 공동주택 공동체 활성화 관련 활동도 많이 하시고 송도 지역에서 소문이 자자하신데, 원래부터 친분이 있으셨나요?

강수자 우리관리 공채 7기로 입사해서 본사 OJT 과정을 받던 중, 본사 게시판에서 한 여자 관리소장님이 멋지게 소개된 글을 보게 되었어요. '나도 꼭 저런 소장님이 되어야겠다.'라는 마음이 들었죠. 그분이 바로 유영숙 소장님이셨어요.

첫 단지를 시작으로 배치되는 단지마다 계속해서 지자체의 지원 사업을 활용해 입주민 공동체 활성화를 추진하고 있었는데, 마침 유영숙 소장님께서 공동주택 공동체 관련 모임을 준비하신다는 소식을 들었어요. 그렇게 자연스럽게 유 소장님이 첫 회장을 맡으시고, 저는 총무를 맡아 함께하게 되었죠.

그 당시만 해도 공동체 활성화에 관심을 두고 적극적으로 나서는 관리소장님들이 많지 않았고, 어디서부터 어떻게 시작해야 할지 막막해하는 분들이 많았어요. 그래서 '이런 경험과 정보를 함께 나눌 수 있으면 좋겠다.'라는 생각이 들었죠. 이 모임은 우리관리 소속 관리소장이 아니더라도, 공동체 활성화에 관심 있는 누구나 정보를 공유할 수 있도록 문을 열어두었어요.

이런 뜻깊은 모임을 만들 수 있었던 건, 역시 '우리관리'라는 든든한 네트워크가 있었기 때문이에요. 함께 나누고 도전할 수 있는 동료들이 있어서 가능했던 일이죠.

유영숙 맞아요. 우리관리는 지역별로 분회 모임을 운영하고 있는데, 그중에서도 송도 지역 분회 모임이 가장 모범적인 사례라고 생각해요. 송도에는 우리관리 사업장이 많다 보니 자연스럽게 모임도 활발하고, 서로 도움도 많이 주고받고 있거든요. 초보 관리소장이 송도에 배치되면 정말 든든할 거예요.

여기 계신 강수자 소장님은 공채 현장실습을 매년 맡고 있는데, 그게 정말 쉽지 않은 일이에요. 그런데도 실습 자료를 체계적으로 잘 준비하고, 후배들에게 아낌없이 나눠주시니 많은 분이 큰 도움을 받고 있죠. 사실 관리소장이라는 자리는 참 외로워요. 저도 이 일을 20년 넘게 해왔지만, 여전히 '이렇게 하는 게 맞을까?' 망설일 때가 있어요. 그럴 때마다 주변에 물어보면 누군가가 알려주고, 함께 고민해 주니 얼마나 힘이 되는지 몰라요. 그래서 저는 관리소장에게 '네트워크'는 꼭 필요한 존재라고 생각해요.

어떤 분들은 왜 모임에 나가는지, 교육은 왜 받는지 묻기도 해요. 하지만 이 일은 계속 바뀌고, 계속 배워야 하잖아요. 그래서 저는 늘 새로 배우고, 업데이트하고, 묻고, 모임에 참석하고, 사람들과 유대감을 이어가는 게 정말 중요하다고 느껴요.

두 소장님은 공동체 활성화 관련 모임을 만드실 정도로 이 분야에 관심이 많으시고, 특히 환경부 장관상과 국무총리상이라는 큰 상을 받으실 정도로 환경과 관련된 공동체 활동도 많이 하시는데, 특별한 계기가 있으셨나요?

강수자 처음 부임했던 단지는 260세대로 규모가 작았어요. 외부 업체를 불러 조경 관리를 맡기기엔 예산도 부담스러웠죠. 고민 끝에 주말을 이용해 입주민들과 함께 '내 집 앞 잡초 뽑기'와 '단지 환경 청소'를 시작했어요. 처음엔 조심스레 시작했지만, 잡초를 뽑고 난 뒤 입주민들이 집에서 가져오신 음식을 나누며 자연스럽게 이웃 간의 정이 생겨났고, 그렇게 모임이 하나둘씩 살아나기 시작했죠. 그러던 어느 날, 제가 일정이 있어서 참여하지 못한다고 했더니 입주민들께서 "이제는 우리끼리 할게요."라고 말씀하셨어요.

입주민들 사이가 가까워지면서 재능기부를 자청하시는 분들도 생겨났어요. 그렇게 손재봉틀 교실, 동시 교실 같은 다양한 프로그램이 만들어진 덕분에 단지가 인천광역시 최우수 모범단지로 선정되기도 했습니다.

지금 근무하고 있는 아파트로 오면서는, 개인적으로 오래전부터 관심 있었던 '환경'을 입주민 행사에도 녹여보고 싶었어요. 그래서 음식을 나눌 때 일회용 그릇 대신 뻥튀기 위에 꿀떡을 얹어 드리기도 하고, 텀블러를 가져오신 분들께만 커피나 차를 드리는 방식으로 안내했죠. 입주민들 반응이 정말 좋았어요. 의미도 있고, 아이디어도 신선하다고요.

저는 이런 활동을 꾸준히 해오고 있었는데, 최근 기후 변화가 사회적인 이슈로 두드러지면서 지자체 지원사업도 환경 관련 분야로 방향을 잡게 되었고, 덕분에 그동안 해오던 탄소중립 생활 실천 활동들이 더 주목받을 수 있었던 것 같아요.

유영숙 2009년, 송도에 있는 아파트에 배치받았을 때만 해도 송도는 말 그대로 허허벌판이었어요. 특히 제가 근무한 아파트는 사원 아파트라 서울, 광양, 포항 등 전국 각지에서 오신 분들이 많았고, 다들 서로 낯설고 아는 사람도 없는 상황이었죠. 주변에 인프라도 부족해서 입주민들이 많이 힘들어하셨어요. 그래도 다행히 커뮤니티 시설이 잘 갖춰져 있었어요. 그래서 이 시설들을 잘 활용해 보자고 생각했죠. 탁구장을 만들고, 입주민들과 함께 합창단과 오케스트라도 꾸렸어요. 오케스트라를 만들면서는 바이올린, 플루트, 첼로 강좌도 함께 개설했고, 배운 걸 무대에 올리는 입주민 축제도 열었죠.

2019 숲속 음악회, 송도에듀포레푸르지오아파트

이런 활동들을 연수구의 지원사업과 연계해서 진행하다 보니, 합창단 공연 때는 연수구청장님이 직접 와서 인사를 해주신 적도 있어요. 그렇게 하나둘 공동체 활동을 이어가다 보니, 입주민들 간의 거리가 가까워지고, 화합이 잘 되는 단지가 되어갔어요.

최근에는 지자체 지원사업의 주제가 '탄소중립'으로 바뀌면서, 우리 단지에서도 탄소중립 생활 실천 활동을 꾸준히 이어가고 있어요.

몇 년째 봄·가을 축제를 진행하면서, 강수자 소장님 단지처럼 텀블러나 다회용 용기를 가져오신 분들께만 음료나 팝콘을 제공했어요. 이제는 축제 때 입주민들이 텀블러와 다회용기를 자연스럽게 챙겨 오시는데, 그 모습을 보면 참 뿌듯해요. 2024년에는 1년 동안 진행한 활동을 바탕으로 탄소중립 경연대회에 참가했고, 그 결과 환경부 장관상을 받게 되어 더욱 보람을 느꼈습니다.

공동체 활성화를 부담스럽게 느끼는 관리소장님들도 계십니다. 이분들께 전하고 싶은 조언이 있으실까요?

유영숙 공동체 활성화를 시작하는 게 어렵게 느껴진다면, 작은 것부터 해보라고 권하고 싶어요. 정말 어렵지 않거든요. 일단 시작만 하면, 우리관리 네트워크가 있잖아요.

궁금한 게 있으면 물어보면 되고, 도움도 받을 수 있어요. 관리가 먼저 안정돼야 공동체 활성화를 할 수 있는 건지, 아니면 공동체 활동이 아파트관리를 안정시키는 건지, 어느 쪽이 먼저인지는 잘 모르겠어요. 하지만 둘은 절대 떼어놓을 수 없다는 건 확실해요.

가끔 어떤 분들은 공동체 활동을 하면 시설 관리를 소홀히 하는 것 아니냐고 오해하시기도 하는데, 전혀 그렇지 않아요.

오히려 더 꼼꼼하게 하게 되죠. 입주민들과 자주 마주치고 얼굴을 익히게 되면 좋은 점이 많아요. 예를 들어, 아파트 소통 앱에 누가 불만을 올리면 다른 입주민들이 "관리실 직원들 열심히 일하는데 왜 그러냐?"고 나서서 이야기해 주시기도 해요. 그럴 때면 정말 큰 힘이 됩니다.

강수자 시설물 관리에도 정말 신경을 많이 씁니다. 입주민들께 우리가 얼마나 꼼꼼하게 관리하고 있는지를 직접 보여드리고 싶어서 '시설물 투어'도 진행하고 있어요. 지하 피트 같은 곳에 폐기물이 방치되어 있으면 인계 시 문제가 생길 수 있고, 단지 내 보이지 않는 구석구석에 대해 입주민들이 의구심을 가질 수도 있잖아요. 그래서 투명하게 보여드리는 것이 중요하다고 생각했어요.

저는 시설 관리는 기본 중의 기본이라고 생각하고, 여기에 우리관리가 추구하는 전문화, 차별화, 브랜드화가 더해져야 한다고 봐요. 그중 하나가 바로 공동체 활성화라고 생각합니다.

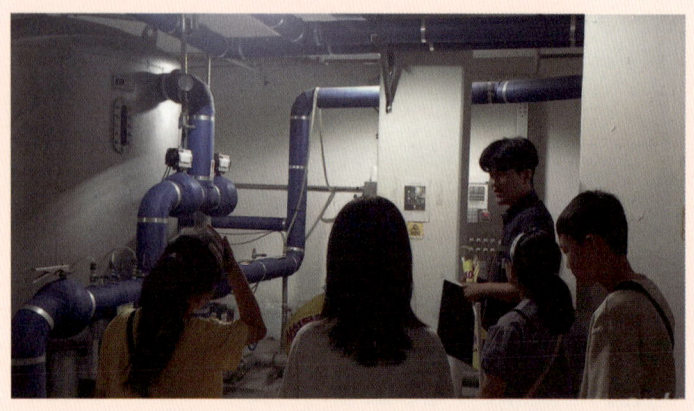

입주민 어린이 시설물 견학, 송도더샵그린워크1차아파트

이웃 간의 소통과 배려가 많아지면 공동생활 속 갈등도 자연스럽게 줄어들고, 입주민들의 만족도도 높아지거든요. 가끔은 관리비가 다른 곳보다 조금 높다고 하시기도 하지만, 그만큼 관리 서비스가 다르다는 걸 체감하신다고 말씀해 주세요. 무엇보다도, 입주민 모두가 더 따뜻하고 행복한 공동체 속에서 살아가실 수 있도록 돕는 것이 저희의 역할이라는 생각으로 일하고 있습니다.

마지막으로 주택관리사를 꿈꾸는 분들에게 한 마디씩 부탁드립니다.

유영숙 저는 주택관리사라는 직업을 정말 적극 추천해 드리고 싶어요. 특히 여성에게는 더없이 좋은 직업이라고 생각해요. 올해 제 나이가 만 64세인데, 제 또래 친구들은 대부분 은퇴했지만 저는 여전히 현장에서 일하고 있어요. 관리소장은 정년이 따로 없잖아요. 하고 싶을 때까지 일할 수 있다는 게 가장 큰 장점이에요.

여성은 세심하고 관찰력이 뛰어나서 입주민의 시선과 관리소장의 시선이 잘 맞아요. 혹시 시설 관리가 어렵고 낯설게 느껴진다면 너무 걱정하지 마세요. 일하면서 자연스럽게 배우게 되고, 계속 공부할 기회도 주어지니까요. 사실 남성이라고 해서 다 아는 것도 아니에요. 중요한 건 '관심'이에요. 직원들에게만 맡기지 말고, 어떤 일을 하고 있는지 꼼꼼히 살펴보는 태도가 필요해요. 우리 단지에서 무슨 일이 일어나는지 알고 있어야 진짜 관리소장이라고 생각해요. 관심이 없으면 이 일은 오래 하기 어려워요.

강수자 핸드폰에도 사용 설명서가 있듯, 아파트 시설물에도 매뉴얼이 있어요. 그 매뉴얼만 잘 숙지하면 시설 관리, 그렇게 어렵지 않아요. 설비는 언제든 고장이 날 수 있어요.

중요한 건, 고장이 났을 때 적절한 업체를 선정하고, 수선 과정을 통해 하나하나 배우는 거예요. 전문 업체가 작업할 때, 원리를 물어보고, 어디가 고장 났는지, 왜 그런 문제가 생겼는지 배우다 보면 자연스럽게 역량이 쌓여요. 화재나 침수 같은 사고 이야기를 들으면 겁부터 내는 분들도 계시지만, 사실 평소에 꼼꼼하게 관리만 해도 대부분 예방할 수 있어요.

무엇보다 중요한 건 '아파트에 대한 애정'이에요. '내가 입주민을 위해 할 수 있는 일이 뭘까?'를 계속 고민해야 해요. 저는 관리소장을 하며 한 가지 인생의 진리를 얻었어요. 바로 '포기하지 않으면 된다.'라는 거예요. 성공은 포기하지 않는 마음에서 시작되고, 노력의 끝에는 반드시 보상이 따라온다고 믿어요. 그 믿음으로 버텨내고 신뢰를 쌓아왔기에 지금 이 자리에 있다고 생각해요. 우리관리 공채 7기로 입사해 벌써 16년째 이 일을 하고 있어요. 돌이켜 보면, 인생 2막으로 주택관리사를 선택한 건 정말 잘한 결정이었어요.

두 관리소장님의 이야기를 통해 주택관리사는 단순히 시설을 관리하는 역할을 넘어, 이웃 간의 소통과 화합을 이끄는 소중한 존재임을 다시 한번 느낄 수 있었습니다.

'아파트와 입주민에 대한 애정'을 바탕으로, 우리관리 동료들과 함께 고민하고 배우며 묵묵히 이 길을 걸어 온 두 분의 진심이 깊이 전해졌습니다. 앞으로 두 분이 써 내려갈 아파트 관리 이야기가 더욱 기대됩니다.

◆

수상이력

유영숙 관리소장

2005 시흥시 공동주택 우수 관리단지 우수상
2012 인천시 연수구 공동주택 커뮤니티 사업성과대회 우수상
2014 인천시 살기 좋은 아파트 우수상
       국토교통부 우수 관리단지 우수상
       인천시 연수구 탄소발자국 우수아파트 우수상
       인천시 연수구 온실가스 감축 우수사업장 우수상
2023 한국기후환경네트워크 탄소중립 우수 리더상
2024 탄소중립 경연대회 민간부문 환경부장관상(장려상)
       인천시 연수구 생활방역 관리 우수상

2011 우리관리 관리서비스 개선 경진대회 장려상
2015, 2016, 2019, 2022 우리관리 모범상
2015 우리관리 특별상
2017, 2019 우리관리 기여상
2018, 2019 우리관리 수주공로상
2020 우리관리 해피콜 우수상
2024 우리관리 20년 장기근속상
2025 우리관리 입대의 월간보고 우수사례 선정

강수자 관리소장

2019 공동주택 공동체 활성화 공모전 에세이 부문 장려상
2021 대한민국 주거복지문화대상 단체 우수상
2022 재활용 가능 자원 분리배출 모범시설 공모전 장려상
       인천시 환경교육센터 환경실천사례 공모전 최우수상
2023 친환경 기술진흥 및 소비촉진 탄소중립 생활실천유공 국무총리 표창
       인천시 탄소중립 생활실천 선도사업 선정, 우수아파트 수상

2013, 2014, 2015 우리관리 관리서비스 개선 경진대회 장려상
2015, 2017, 2018, 2019, 2022, 2024 우리관리 수주공로상
2015, 2017, 2018, 2021 우리관리 특별상
2018, 2020 우리관리 모범상
2021 우리관리 10년 장기근속상
       우리관리 관리서비스 개선 경진대회 우수상
2023 우리관리 안전조회 동영상 챌린지 우수사업장

함께 가는 이 길이 행복 길입니다

박선영
관리소장

성격이 급하고, 상대방의 작은 말투와 표정에도 민감하게 반응하는 나는 무슨 일을 하든지 즐기기보다는 긴장하는 편이다. "아파트 관리는 예고 없이도 일어나는 일이 많고, 인사 사고가 아니라면 긍정적으로 생각하며, 혼자 결정할 수 없는 일은 입주자대표회의와 의논하고, 시간이 지나면 자연스럽게 해결되는 일도 있으니 조급해하지 말고 기다려 보는 것이 이 업계에서 롱런하는 비결이다." 주변 소장님들이 전해준 이 조언을 온전히 내 것으로 받아들이기까지, 혼자서는 감당하기 어려웠던 순간들이 많이 있었다. 그럴 때마다 곁에서 도와주신 동료 소장님들의 힘이 컸다.

5년 동안 아파트에서 경리업무를 하며 원하던 목표였던 관리소장이 되었음에도, '과연 내가 관리소장으로서 잘 해낼 수 있을까?' 하는 두려움이 컸다. 한 조직의 책임자이자, 우리나라 1등 관리회사인 '우리관리'를 대표하는 자리라는 부담감에, 기대보다는 주저하는 마음이 더 컸다. 그래서 동기들보다 배치를 늦춰달라고 요청하기도 했다.

그런 내가 지금은 누구보다 아파트 관리소장이라는 직업에 자부심을 느끼고 있으며, 만나는 사람들에게 제2의 인생 직업으로 권할 만큼 즐겁게 일하고 있다. 지난 3년 동안 마음이 점점 단단해지고, 단지를 무탈하게 관리할 수 있었던 이유를 되돌아보니, 하루하루 주어진 오늘에 감사하는 마음가짐을 갖게 해준 고마운 선배님들과 동기들이 떠올라, 이 기회에 감사의 마음을 전하고자 글을 쓴다.

처음 신임 소장으로 단지에 부임했을 때가 생각난다. 단지의 어려운 상황에 대해 본부장님을 통해 간단히 듣긴 했지만, 직접 접해보지 않은 상황이라 감이 없었다. 배치 승낙을 미루던 중, 같은 단지를 3개월 만에 다시 배정받게 되었고, 더 이상 거절할 수 없는 상황이 되었다. 아직 마음의 준비는 되지 않았지만, 더는 미룰 수 없다는 생각에 '기도하면서 부딪혀 보자.'라는 복잡한 마음을 안고 결단을 내렸다. 무더운 여름, 일요일 밤 10시경 면접을 봤고, 전임 소장님이 2주 전 퇴사하여 공석 상태이며, 직원 급여는 일주일째 지급되지 않았고, 경리 주임과 기전 주임은 사표를 책상에 넣어둔 상태라는 말을 들었다. 멘탈이 흔들릴 정도로 불안했지만, 선택한 일을 후회하지 않는 나는 하루하루를 잘하는 건지 아닌지도 모른 채 바쁘게 지냈다.

입사 2일 차에 걸려 온 한 통의 전화는 3년이 지난 지금도 생생히 기억난다. "여보세요. 저는 우리관리 ○○○아파트 관리소장 ○○○입니다. 부임하셨다 해서 인사 전화를 드렸어요. 많이 바쁘실 것 같은데 여유 되시면 점심 한번 하시죠." 얼떨결에 감사하다는 말은 드렸지만, 전화 주신 분의 성함도 아파트 이름도 전혀 기억하지 못한 채, 일단 저장해야겠다는 생각에 '우리관리 남자 선배님'이라고 연락처에 입력했다.

그 후 입사 일주일 만에 아파트 한 라인의 횡주관이 밤 11시에 터지는 일이 있었고, 직원들과 밤을 새우며 조치했다. 며칠 후에는 다른 동에서도 같은 문제가 발생해 토요일에 두 번, 일요일에 한 번 임시 조치를 해야 했다. 그러나 주말에 업체를 부르면 인건비가 많이 든다는 이유로, 동대표들은 월요일까지 버텨보자며 무

관심한 반응을 보였다. 그 사이 오물과 물벼락을 맞아 속옷까지 젖은 직원들과 감기에 걸려 기침하는 경비원들의 뒷모습을 보며 눈물을 훔쳤다. '능력 없는 초임소장이 와서 직원들이 이렇게 고생하는구나.' 하는 자책이 들었다. 우리관리 영업 본부장님께 전화를 걸었다. "동대표들의 의견을 무시하고 업체를 불렀으니 월요일이면 그만두라고 할지도 모릅니다. 저는 상관없으나, 본부장님께 피해가 가더라도 이해해 주세요."라고 말씀을 드렸다. 본부장님은 "시설물 유지와 더 큰 피해를 막기 위해 업체를 부르는 것은 관리소장의 당연한 업무예요."라며 "그럴 일 없으니 걱정하지 말고 마무리 잘하세요."라는 격려를 해주셨다.

그렇게 2~3주 정신없이 시간이 흐른 후, 다시 남자 선배 소장님의 전화를 받고 점심 약속 장소로 갔다. 처음 전화를 주셨던 멋진 목소리의 남자 소장님과, "저는 소장님의 전전전 전임입니다."라고 자기소개를 하신 어여쁜 소장님의 표정을 지금도 잊을 수 없다. 혹시 내가 억지로 시간을 내어 만난 것은 아닌지 조심스럽게 묻고, 이 짧은 한 달 동안 많은 일이 있었을 것 같은데 마음은 어떤지, 직원들과는 잘 지내는지 물으며, 내가 어떤 말을 하든 들어주겠다는 자세로 앉아 계셨다. 처음 뵌 분들이기에 최대한 예의 바르게 웃으며 간단하게 답했고, 사주신 점심과 차를 마시고 사무실로 돌아왔다. 그때까지도 '뭐지? 이분들은?'이라는 생각이 들었다. 하지만 "어려운 일이 있을 때 혼자 고민하지 말고 꼭 연락하세요."라는 말에 큰 위로를 받았고, 각자의 삶도 바쁜데 남의 고민을 들어준다는 것이 얼마나 귀한 일인지 알기에 감사했다.

'나는 언제쯤 저렇게 누군가에게 업무적으로나 정서적으로 위로가 될 수 있을까?' 생각하며 주어진 일에 최선을 다하다 보니 어느덧 3년이라는 관리소장 경력을 쌓게 되었다. 올챙이 시절을 떠올리면 마음이 좀 단단해졌다고 느끼다가도, 환경적으로 어려움이 생기면 여전히 고민이 쌓이곤 한다. 하지만 이런 고민을 주저 없이 나눌 수 있는 우리관리 소장님들 덕분에 마음이 따뜻해진다.

시설물의 잦은 고장이나 동대표님들과의 소통에서 어려움이 생길 때, 이건 이렇게 하라, 저건 저렇게 하라는 조언보다 내 이야기를 먼저 들어주시는 주변 소장님들. 생각도 못 하고 있었는데 계절에 맞게 입주민에게 알려줘야 하는 공고문을 아무 대가 없이 건네며 응원해 주시는 소장님들. 지자체 주무관으로 계시며 궁금한 이야기를 마치 보따리를 풀듯 말씀해 주시는 주무관 소장님들. 무엇을 하든 내가 제일 잘하고 있다고 격려해 주는 동기들. 잘 지내시냐며 안부를 물어주는 후배 소장님들. 무작정 '우리관리 소속'이라는 이유만으로 먼저 반갑게 인사해 주시는 대선배님들. 어느 것 하나 완벽하지 않고, 사랑받기에 부족한 나이지만 이렇게 사랑받으며 '관리소장'이라는 옷을 입고 있다.

참기만 하고, 힘들어도 연락할 사람이 없어 혼자 이 길을 걸었다면 얼마나 외로웠을까. "함께 이 길을 끝까지 건강하게 가보자."라고 말해 주시는 선배 소장님들과 동기, 후배 소장님들이 있기에 오늘 하루도 즐겁게 시작한다. 끝으로, 인생 경험이 짧고 무슨 일을 하든 걱정부터 앞섰던 나에게 큰 응원을 보내주시고, 각자의 자리에서 책임을 다하고 계신 우리 아파트 직원분들께 진심으로 감사드린다.

칭찬은 관리소장을 춤추게 한다

김종순
관리소장

주택관리사 시험에 합격하고 아파트 관리사무소에 취업하겠다고 했을 때 나의 성향을 아는 가족들은 하나같이 만류하였다. 관리사무소는 온갖 드세고 까탈스러운 사람을 많이 상대해야 하는데 너같이 온순한 사람이 어떻게 그런 일을 할 수 있겠냐는 우려였다. 나는 좋게 말하면 온순하고 착한 성품이지만 달리 말하면 우유부단하고 뒤가 무른 사람이라 나 스스로조차 해낼 수 있을까 의문이 들었다.

그렇게 우려를 한 몸에 안고 관리사무소에서 일하기 시작한 지 어느덧 15년 차가 되어가는데,

결론은 온순한 사람이나 강한 사람이나 하기 나름인 것이 주택관리사라는 것이다. 어쩔 수 없이 본인의 성향대로 해 나갈 수밖에 없는데, 신기하게도 주변에 나의 부족한 부분을 메워주는 이들이 있다는 것이다. 그들과 조화롭게 해 나가면 되는 것이다.

그러한 면에서 나는 운이 좋은 관리소장이다. 먼저 소장님이 아니면 안 된다는 좋은 동대표님들을 만나 같은 단지에서 6년 동안 근속하고 있다. 그리고 성품 좋고 책임감 강한 직원들을 만났다. 다른 소장님들이 '직원들이 내 맘 같지 않아요.' 할 때도 나는 자신 있게 '우리 직원들은 내 맘 이상이에요.'라고 자랑했다. 그리고 좋은 입주민들을 만났다.

한 번은 퇴근 시간에 사무실 문을 열고 나가는데, 마침 관리사무소 앞을 지나가던 입주민이 나를 알아보고 먼저 인사를 건넸다. "우리 단지 조경이 인근 단지 중에서 관리가 제일 잘되고 있는 것 같아요. 애써주셔서 감사합니다." 갑작스러운 칭찬에 몸 둘 바를 모르긴 했지만, 퇴근길 발걸음이 그렇게 가벼울 수가 없었.

또 한 번은 잔디밭에서 풀을 뽑고 있는데 연세가 지긋하신 어르신이 지나가면서, "우리 집 일처럼 해줘서 정말 고마워요." 하시며 인사를 하시는 것이 아닌가. 단지에서 월급 받으며 당연히 할 일을 하는 것뿐인데 감사하게도 이런 인사를 받곤 했다.

관리사무소에는 보통 까다롭고 드센 분들이 많이 찾아오기도 하지만 고맙다며 과일을 가져오시는 분, 고구마를 삶아 오시는 분들도 많다. 이주 정산을 위해 관리사무소에 들렀다가 일을 마치고 돌아가면서 "덕분에 잘 살고 갑니다."라며 고맙다는 인사를 받을 때 기분이 참 좋다.

그중에서도 유독 기억에 남는 입주민 한 분이 있다. 주말 내내 대량의 김장을 마치고 지친 몸을 이끌고 출근했던 늦가을 어느 날, 주차장에 차를 세우다 그만 옆 차량과 가볍게 접촉 사고가 나고 말았다. 급히 내려 확인해 보니, 고가의 외제 차에 아주 살짝 스친 흔적이 남아 있었다. 순간 심장이 철렁 내려앉았다. 사무실로 들어가 직원들에게 상황을 설명하니, 하필 그 차량이 해당 모델 중에서도 가장 높은 사양이라는 말을 들었다. 차량번호로 입주민을 확인하고, 주차장으로 잠시 내려와 달라고 연락을 드렸다. 잠시 후, 젊고 세련된 여성 입주민이 품위 있는 걸음으로 주차장에 도착했다. 떨리는 마음으로 사고 상황을 말씀드리자, 그녀는 별일 아니라는 듯 "마침 세차하러 가려던 참이었어요. 세차할 때 함께 처리하면 되니 걱정하지 마세요."라며 부드럽고 친절하게 답해 주었다. 내가 오히려 감사 인사를 드리자, 되려 "단지를 잘 관리해 주셔서 감사해요."라며 따뜻한 말을 건네 주었다. 놀란 마음을 진정시키며

사무실로 돌아오는 길, 안도감과 고마움이 진하게 밀려왔다. 그냥 지나칠 수 없어 소정의 커피 쿠폰을 보내 다시 한번 감사 인사를 전했더니, 깍듯하면서 따뜻한 인사말이 되돌아왔다. 이를 지켜본 우리 시설 대리는 "오늘 소장님, 1,200만 원 버셨네요!"라며 웃으며 농담을 건넸다.

가끔 예의 없고 대화가 통하지 않는 입주민도 만난다. 경리직원을 거치고 관리과장을 거쳐서 관리소장인 나에게까지 전화가 돌아오면 나의 가슴도 콩닥콩닥 뛰기 시작한다. 초보 시절에는 입술과 성대에도 쥐가 나서 내 생각을 제대로 전달하기조차 힘이 들었다. 지금도 여전히 전화벨이 울리면 무슨 일일까 하고 촉각을 곤두세우지만, 내게로 전해진 수화기 앞에서 호흡을 가다듬고 침착하게 마음을 다스려 본다.

얼마 전 우리 시설 대리님으로부터 뜻깊은 선물을 받았다. 위탁관리 재계약을 앞두고 당연히 수의계약으로 마무리될 줄 알았는데 갑작스러운 입찰 진행으로 마음고생을 많이 했다. 마침 입사한 지 얼마 안 된 직원도 있었던 터라 중압감이 더 극심하였다. 직원들에게 잘될 거라고 안심시키면서도 내 안에서는 혹시나 모를 변수가 있을까 몹시 불안하여 체중마저 줄어들었다. 하루는 출근했는데 내 방에 커다란 '성공의 열쇠'가 수 놓인 액자가 놓여 있었다.

알고 보니 시설 대리님이 그즈음 나의 마음을 헤아리고 부적을 준비해 준 거였다. 그 마음이 너무 감사하여 다시 한번 심기일전하였고, 결국 적격 심사 결과 100점이라는 점수로 재계약을 했다.

나는 복잡한 갈등 구조와 모략이 난무하는 드라마나 영화를 그다지 좋아하지 않는다. 나이가 들어갈수록 그런 경향은 더욱 뚜렷해지는 것 같다. 편안함을 주는 풍광이 많이 나오고 따뜻한 사람 냄새가 나는, 그저 사계절이 흘러가는 듯 편안히 흘러가는 이야기를 좋아한다. 관리소장 역할도, 내 인생도 그렇게 조용하고 따뜻하게 흘러가며 마무리되기를 바란다. 다행히 성실함과 책임감으로 똘똘 뭉친 직원들이 뒤를 받쳐주고 입주자대표들은 그런 관리사무소를 지지해 주며, 오고 가는 입주민들은 따뜻한 인사말을 건네준다. 신뢰와 칭찬으로 오늘도 신나게 춤을 추는 나는 행복한 우리관리소장이다.

VII 우리관리 ESG

우리관리는 지속가능한 가치를 만들어 갑니다.
사람과 환경, 그리고 공동체가
함께 성장할 수 있는 길을 고민하며
지속가능한 관리 문화를 선도해 나가고 있습니다.

1 안전한 근무환경 조성

임직원과 고객의 안전을 최우선 가치로 삼고, 체계적인 안전보건 시스템을 운영하며 지속가능한 근무환경을 조성하고 있습니다.

위험성 평가와 컨설팅을 통해 산업재해 예방 활동을 강화하고, TBM(작업 시작 전 안전점검회의) 및 안전조회 동영상 챌린지를 도입해 안전의식 생활화에 힘쓰고 있습니다. 더불어, 한국산업안전보건공단과의 협약을 통해 안전문화 확산과 우수 사례 공유를 추진하며, 현장 기술 지도점검을 통한 실질적인 위험 요소 개선에 앞장서고 있습니다.

이러한 노력의 결과, 우리관리는 ISO 45001 안전보건경영시스템 인증을 획득하고, 한국산업안전보건공단 이사장 감사패를 수상하며 업계 내 안전문화를 선도하는 기업으로 자리하고 있습니다.

VII 우리관리 ESG

2 함께 만드는 더 나은 공동체

우리관리는 지속가능한 공동체 문화를 조성하기 위해 다양한 활동을 전개하고 있습니다. '우리사이 캠페인'과 '어린이 그림 대회'는 배려와 협력의 문화를 만드는 대표적인 활동입니다.

❶ 우리사이 캠페인

입주민이 함께 실천할 수 있는 생활예절, 감정노동자 보호, 에너지 절약 등의 주제를 다루며, 작은 실천이 모여 긍정적인 변화를 만들어 낼 수 있다는 메시지를 전합니다. 전국 우리관리 단지에 캠페인 포스터를 배포해 입주민의 관심과 적극적인 참여를 독려하고 있습니다

❷ 어린이 그림 대회

미래의 주역인 어린이들이 건강한 공동체 문화를 이해하고, 환경보호와 이웃 간 배려의 가치를 배우도록 기획되었습니다. 어린이들이 직접 고민하고 그림으로 표현한 공동체 이야기는 부모와 이웃에게 울림을 주며, 공동체 가치를 되새기는 계기가 되었습니다.

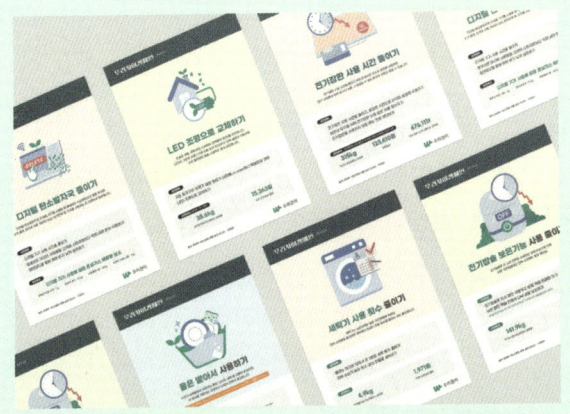

우리사이 캠페인 포스터

2024 어린이 그림 대회 대상 수상작

VII 우리관리 ESG

3 ESG성과

Environment

탄소중립생활실천 유공 대통령표창 수상 2022
- 환경부 탄소중립생활실천 우수기업 선정, 환경부장관 감사패 수상 2022
- 에너지절약 촉진대회 지식경제부장관 표창 수상 2012

Social

**국토교통부 우수 부동산서비스사업자 인증 4회 연속 획득
2019 – 2021 – 2023 – 2025**
- 「함께 사는 아파트 어린이 그림 대회」 개최   2023 – 2024
- 한국산업안전보건공단 이사장 감사패 수상   2023
- ISO 45001 안전보건경영시스템 인증 보유   업계유일, 업계최초

Governance

업계 최상위 기업신용평가등급 AA+ [평가기관: ㈜NICE디앤비]
- ISO 9001 품질경영시스템 인증 보유

✱ 우수 부동산서비스사업자 인증

우리관리는 국토교통부로부터 '우수 부동산서비스사업자 인증'을 4회 연속(2019~2025년) 취득하였습니다.

'우수 부동산서비스사업자 인증'은 부동산 임대, 개발, 관리, 중개, 자문 등 다양한 서비스를 통합적으로 제공하는 사업자를 대상으로 국토교통부 장관이 부여하는 제도입니다.

우리관리는 핵심 서비스 분야인 '관리' 부문에서 우수 사업자로 인증을 받았으며, 함께 인증을 획득한 연계 사업자는 우리레오피엠씨㈜, 인정이엔지㈜, ㈜홈스웰, ㈜홈앤그린 등 총 4개 관계사입니다.

나는 우리 관리소장이다 두 번째 이야기

ⓒ 우리관리주식회사, 2025

초판 1쇄 발행 2025년 11월 19일

지은이	이성준 외 19인
펴낸이	이기봉
편집	(주)주생활연구소
펴낸곳	도서출판 좋은땅
주소	서울특별시 마포구 양화로12길 26 지월드빌딩 (서교동 395-7)
전화	02)374-8616~7
팩스	02)374-8614
이메일	gworldbook@naver.com
홈페이지	www.g-world.co.kr

ISBN 979-11-388-4860-2 (03590)

- 가격은 뒤표지에 있습니다.
- 이 책은 저작권법에 의하여 보호를 받는 저작물이므로 무단 전재와 복제를 금합니다.
- 파본은 구입하신 서점에서 교환해 드립니다.